Stefanie Proske (Hg.)

Das Schönste aber hier auf Erden ist lieben und geliebt zu werden

Stefanie Proske (Hg.)

Das Schönste aber hier auf Erden ist lieben und geliebt zu werden

Ein Vorlesebuch

Kaufmann Verlag

Bibliografische Information Der Deutschen Bibliothek

Die Deutsche Bibliothek verzeichnet diese Publikation in der Deutschen Nationalbibliografie; detaillierte bibliografische Daten sind im Internet über http://dnb.ddb.de abrufbar.

1. Auflage 2014

Coverabbildung: © BeTa-Artworks – Fotolia.com
Druck und Bindung: CPI books, Ulm

ISBN 978-3-7806-3153-4

Inhaltsverzeichnis

„Endlich, endlich darf ich hoffen" – vom Bangen und Hoffen

„Im Grenzenlosen sich zu finden" – vom Leben der Liebe

„Nur wer die Sehnsucht kennt, weiß, was ich leide!" – vom Sehnen und Begehren

„Verweinen lasst die Nächte mich" – vom Scheitern der Liebe

„An jenem Tag im blauen Mond September" – vom Erinnern und Wiederfinden

„Wer je gelebt in Liebesarmen“ – zwei Dinge vorneweg

Bestimmt kennen Sie die „Liebe ist …“- Cartoons der neuseeländischen Illustratorin Kim Casali. Ein blondes, pausbäckiges Mädchen und ihr dunkelhaariger Freund beweisen in verschiedensten Situationen, wie vielfältig, spannend und aufregend Liebe sein kann. Was für rätselhafte Wege sie manchmal geht. Und wie sie uns immer wieder aufs Neue erstaunen und beglücken kann. Eigentlich hatte Kim Casali die Zeichnungen allein für ihren Mann gedacht. Dieser schickte sie heimlich an eine Zeitung und begründete damit einen Welterfolg. Und das macht die Bilder in meinen Augen so universell und zeitlos: Aus ihnen spricht die Liebe selbst, sie wird immer wieder aufs Neue gefeiert und als großes Geschenk gesehen.

Diese Haltung soll auch der Grundtenor der hier versammelten Texte sein. Obwohl es in einem Gedicht von Goethe heißt: „Wunderlichstes Buch der Bücher/Ist das Buch der Liebe/wenig Blätter Freuden/Ganze Hefte Leiden“, so soll in diesem Band nicht das Unglück der Liebe im Vordergrund stehen, sondern der Zauber, der von ihr ausgeht, das Glück, das sie schenken, und die nachhaltige Wirkung, die sie auf unser Leben haben kann.

Und jeder, wirklich jeder von uns hat die Liebe in der einen oder anderen Form schon erfahren dürfen: Sei es die unbedingte Liebe der Eltern, sei es die Liebe zu Gott oder der Natur oder das, was in der Literatur von jeher beschrieben und behandelt wird: die Liebe zwischen den Geschlechtern.

In der Psychologie unterscheidet man fünf Phasen, die eine Liebesbeziehung gemeinhin durchläuft: Auf die Verliebtheit folgt eine Zeit der Ungewissheit. Wird meine Liebe erhört? Als Höhepunkt wird das Ausleben der Liebe gesehen, was unweigerlich zu einer Krise führt, in der das bisher Gewesene einer kritischen Prüfung unterzogen wird. Diese Krise kann zu Trennung oder aber zu weiterer Annäherung und einer Vertiefung der Liebe führen. Bei der Anordnung der Texte habe ich mich in etwa an dieser Chronologie orientiert, ihr aber noch ein einleitendes Kapitel vorangestellt, in dem versucht wird, sich dem Phänomen Liebe und seinen unterschiedlichen Facetten anzunähern. Bei der Auswahl der Texte war mir die Vielstimmigkeit wichtig: Ob Märchen, Liebesbrief oder Kurzgeschichte, sie alle haben ihre ganz eigene Sprache, in der von der Liebe erzählt wird. Und gleichzeitig ähneln sie sich in ihren Aussagen.

Zwei davon möchte ich herausgreifen und Ihnen vor der Lektüre der Texte, die sich auch zum Vorlesen oder zum Vortragen in einem Lesekreis eignen, mit auf den Weg geben: So erstaunlich es klingt, aber Liebe ist niemals eine Einbahnstraße, denn Liebe vermehrt sich. Je mehr man gibt, desto mehr bekommt man zurück. Und zweitens: Liebe überdauert die Zeit, mehr als anderes. Und das hat niemand besser auf den Punkt gebracht als Wilhelm Busch, auf den auch der Titel des Buches zurückgeht:

„Hass, als minus und vergebens,
Wird vom Leben abgeschrieben.
Positiv im Buch des Lebens
Steht verzeichnet nur das Lieben.
Ob ein Minus oder Plus
Uns verblieben, zeigt der Schluss."

Lassen Sie sich also mitnehmen auf einen Streifzug durch die wundersame Welt der Liebe! Ich wünsche Ihnen viel Freude beim Lesen, Träumen und Zurückdenken.

Stefanie Proske

„Es ist, was es ist, sagt die Liebe“ – Annäherungen an ein Phänomen

Am Teetisch

Sie saßen und tranken am Teetisch
Und sprachen von Liebe viel.
Die Herren waren ästhetisch,
Die Damen von zartem Gefühl.
Die Liebe muss sein platonisch,
Der dürre Hofrat sprach.
Die Hofrätin lächelt ironisch,
Und dennoch seufzet sie: Ach!
Der Domherr öffnet den Mund weit:
Die Liebe sei nicht zu roh,
Sie schadet sonst der Gesundheit.
Das Fräulein lispelt: Wieso?
Die Gräfin spricht wehmütig:
Die Liebe ist eine Passion!
Und präsentieret gütig
Die Tasse dem Herrn Baron.
Am Tische ist noch ein Plätzchen;
Mein Liebchen, da hast du gefehlt.
Du hättest so hübsch, mein Schätzchen,
Von deiner Liebe erzählt.

Heinrich Heine

Das siebte Weltwunder

In einer Schulstunde sprach der Lehrer über die sieben Weltwunder. Bis zum nächsten Mal sollten die Schüler aufschreiben, was sie für die sieben größten Wunder auf Erden hielten.

Die meisten Schüler nannten Dinge wie die Pyramiden, die Peterskirche in Rom oder die Chinesische Mauer.

Nur ein Mädchen hatte sich eine etwas andere Liste der Weltwunder überlegt, und die las sich so:

Ich denke, die sieben Weltwunder sind:

1. Berühren können
2. Schmecken können
3. Sehen können
4. Hören können
5. Laufen können
6. Lachen können
7. Lieben können

Weisheitsgeschichte

Die heilende Kraft der Liebe

Die göttliche Liebe ist ein ebenso freies Geschenk der Gnade wie die Erfahrung menschlicher Liebe. Wir können uns die Liebe eines Menschen nicht erkaufen, wir können nur auf sie warten, bis sie uns geschenkt wird. So ist es auch mit der Liebe Gottes. Wir können sie weder durch Gebet noch durch Meditation, weder durch Verzichten noch durch Genießen erzwingen. Aber wir können uns dieser Liebe öffnen. Denn sie ist schon da. Sie umgibt uns in allem, in der Blume, die duftet, und im Vogel, der singt. Wir müssen Gottes Liebe nur wahrnehmen. Aber ob wir sie spüren, hängt nicht nur von unserem achtsamen Umgang mit den Dingen ab. Es ist letztlich auch ein Geschenk, auf das wir warten dürfen. Dann kann sie uns genauso heilen wie menschliche Liebe.

Anselm Grün

Mensch, ich hab' dich gern

Leben ist leben mit anderen! Leben mit anderen heißt: Mit ihnen muss ich alles teilen. Ihnen darf kein Leid durch mich geschehen. Ich muss sie annehmen, ich muss sie anerkennen, ich muss sie lieben.

Ohne die anderen ist Leben, Lieben, Glücklichsein eine Utopie! Durch tausend Fäden sind wir miteinander verbunden. Ein Leben hängt am anderen, kein Leben entfaltet sich ohne die anderen.

Ich kann mich nur entfalten durch sie, die anderen. Ich brauche sie nicht nur, weil sie so viel für mich bedeuten. Ich brauche sie auch, weil ich so viel für sie tun kann.

Ich habe Augen, um die anderen zu entdecken; Ohren, um sie zu hören; Füße, um zu ihnen zu gehen; Hände, um sie ihnen hinzuhalten, und ein Herz, um sie zu lieben.

„Mensch, ich hab' dich gern" – sag es weiter mit Worten oder ohne Worte. Sag es mit einem Lächeln, mit einer Geste der Versöhnung, mit einem Händedruck, mit einem Wort der Anerkennung, mit einer Umarmung, mit einem Kuss, mit einem Stern in deinen Augen. Sag es weiter mit tausend kleinen Aufmerksamkeiten, jeden Tag aufs Neue: „Ich hab' dich so gern."

Phil Bosmans

Die Geschichte vom weinenden Kamel

Es war einmal ein König, der hatte eine wunderschöne weiße Kamelstute. Als nun das Kamel ein Fohlen bekam, da verkaufte der König die Stute an einen Händler, der mit ihr in ein fernes, fremdes Land zog. Das kleine weiße Kamelfohlen aber musste zurückbleiben. Es stand an einen Pflock gebunden, mit einem Strick, der viel zu kurz war. Bald hatte es alles Gras zu seinen Füßen abgerupft. Es dachte an die warme Milch der Mutter und an ihre liebe Stimme und weinte bittere Tränen. Da kam ein altes Kamel des Weges und bot an, das Fohlen zu befreien. „Wirst du auch so weit laufen können, bis du deine weiße Kamelmutter wiedergefunden hast?“ „Gewiss“, antwortete das Kleine, und das alte Kamel knabberte an dem Strick, bis das Fohlen frei war.

Das Kamelfohlen begann zu laufen – und wie es lief. Es lief bei Tag und bei Nacht, es lief durch Wälder und über Steppen und durchquerte Flüsse. Es sah weder nach rechts noch nach links, bis sich ihm zwei Wölfe in den Weg stellten, die wollten es fressen. „Der König hat meine schöne Kamelmutter in ein fernes Land verkauft, darüber habe ich mich fast zu Tode gegrämt. Ein Kamel hat mich befreit, dass ich zu ihr laufen kann. Aber wenn ihr mich jetzt fresst, dann werde ich meine Mutter nie wiedersehen.“ Da bekamen die Wölfe Mitleid und ließen das Fohlen laufen. Und wie es lief. Es lief und lief, bis das Gras grüner und saftiger und der Gesang der Vögel vielstimmig wurde.

Die schöne Kamelstute aber war weiterverkauft worden an einen bösen Herren, der sie mit Ketten an den Beinen gefesselt hatte. Sie hatte weder zu essen noch zu trinken, denn um sie herum war nur Sand. So legte sie sich hin, um zu sterben. Doch als sie da lag, dachte sie an ihr kleines Kamelfohlen und wie es ihre Milch getrunken hatte und wollte vor Kummer beinahe vergehen. Da nahm die Mutter ihre letzte Kraft zusammen, zerriss ihre Ketten und lief davon. Und wie sie lief. Sie lief bei Tag und bei Nacht, sie lief durch Wälder und über Steppen und durchquerte Flüsse.

Und dort, wo das Gras am grünsten und das Wasser am klarsten war, da traf die schöne Kamelstute ihr kleines weißes Fohlen. Sie suchten sich eine Weide, wo es keine bösen Menschen gab, lebten von nun an glücklich und in Frieden und trennten sich nur noch für kurze Augenblicke.

Arabisches Märchen

Sen.-Kreis 17.05.17

Das geschundene Herz

Es war einmal ein junger Mann, der tat kund, dass er das schönste Herz der Stadt habe. Viele Menschen versammelten sich, um sein Herz zu bewundern. Und es war in der Tat perfekt: Es hatte weder Flecken noch Fehler. Alle waren sich einig, dass dies das schönste Herz sei, das sie je gesehen hatten.

Da tauchte plötzlich ein alter Mann auf und sagte: „Dein Herz ist nicht mal annähernd so schön wie meines."

Nun schauten alle auf das Herz des alten Mannes. Es schlug kräftig, war aber voller Narben. Anscheinend waren Teile des Herzens entfernt und durch andere ersetzt worden. Aber sie wollten nicht recht passen, und es gab ausgefranste Ecken und Überlappungen. An anderen Stellen wiederum zeigten sich tiefe Furchen und sogar Löcher.

Die Leute starrten den Alten an: „Wie kannst du behaupten, dein Herz sei schöner?"

Der junge Mann mit dem perfekten Herz brach in lautes Lachen aus: „Du musst scherzen, wenn du dein Herz mit meinem vergleichst. Mein Herz ist makellos, deins jedoch ein Stückwerk voller Narben."

„Deines sieht vielleicht perfekt aus", sagte der alte Mann, „aber ich würde niemals mit dir tauschen. Jede Narbe steht für einen Menschen, dem ich meine Liebe gegeben habe. Ich reiße ein Stück meines

Herzens heraus und reiche es meinen Mitmenschen. Manchmal geben sie mir dann ein Stück ihres Herzens, das in die leere Stelle meines Herzens passt. Aber weil die Stücke nicht exakt gleich sind, habe ich einige Ecken und Kanten davongetragen. Aber sie erinnern mich an die Liebe, die ich mit jemandem geteilt habe.

Manchmal habe ich auch ein Stück meines Herzens gegeben, ohne dass mir der andere etwas zurückgab. Dafür stehen die Löcher in meinem Herzen.

Liebe schenken heißt manchmal auch ein Risiko eingehen. Obwohl diese Löcher schmerzhaft sind, so erinnern auch sie an die Liebe, die ich empfunden habe und immer noch empfinde. Erkennst du jetzt die wahre Schönheit meines Herzens?“

Der junge Mann hatte still zugehört. Tränen rannen über seine Wangen. Er griff nach seinem perfekten Herzen und riss ein Stück davon heraus. Das bot er dem alten Mann mit zitternden Händen an.

Der alte Mann ergriff das Geschenk und setzte es in sein Herz ein. Dann nahm er ein Stück seines alten vernarbten Herzens und füllte damit die Wunde im Herzen des jungen Mannes. Das Gegenstück passte nicht perfekt, es blieben einige ausgefranste Ränder zurück.

Der junge Mann aber stellte fest, dass sein Herz zwar nicht mehr perfekt, doch schöner als je zuvor war. Und er spürte die Liebe des alten Mannes, die nun in sein Herz floss. Sie umarmten einander und gingen ohne ein Wort zu sagen davon. Die Menge aber blieb schweigend und nachdenklich zurück.

Weisheitsgeschichte

Können Kühlschränke lieben?

Es war um die Mittagszeit. Ich saß in der Küche und machte eine Pause. Starrte in die regengraue Luft vor dem Fenster. Es war totenstill.

„Schläfst du?“, fragte ich Bosch, meinen sehr alten Kühlschrank und Freund.

Er hatte seit einer halben Stunde kein Geräusch von sich gegeben.

„Ich döse nur“, sagte er. „Was ist?“

„Was würdest du sagen, wenn ich Strom in Zukunft woanders bestelle, nicht mehr bei den Stadtwerken, meine ich. Man kann jetzt Strom überall bestellen.“

„Ach ja?“, sagte Bosch. „Ich war in letzter Zeit ganz zufrieden.“

Er hielt inne, dann sagte er: „Worauf willst du hinaus? Verbrauche ich zu viel? Ist dir das Bier nicht mehr kalt genug? Willst du dir einen neuen Kühlschrank kaufen, einen jungen, hübschen, sparsamen? Willst du mich mal wieder wegschmeißen?“

„Fang nicht damit an! Ich wollte dich noch nie wegschmeißen, und jetzt will ich es auch nicht“, sagte ich.

Er ist älter als ich. Immer schon neigte er zur Melancholie. Sein Selbstvertrauen war nie groß. Aber in letzter Zeit ist er richtig bitter. Ständig behauptet er, ich wolle ihn loswerden.

„Der Strom ist nicht schlecht hier", sagte er. „Dabei habe ich ihn anfangs nicht vertragen. Er schmeckte oft so sauer und abgestanden. Ich bekam Kondensatorbrennen davon, und der Strom damals im Haus deiner Eltern, oben im Norden – er war so kühl und immer frisch. Aber in den letzten Jahren ist er auch hier sehr gut."

Ich schwieg einen Moment und dachte über den Geschmack von Strom nach, da sprach er weiter.

„Weißt du, dass der Herd mir oft den besten Strom wegnimmt?", zischte er plötzlich. „Er ist ein widerlicher Idiot. Manchmal nimmt er sich viel mehr Strom, als er braucht, und manchmal sogar welchen, wenn er abgeschaltet ist.

„Quatsch!", sagte ich. „Kein Herd kann sich Strom nehmen, wenn er abgeschaltet ist."

„Was weißt denn du?!", sagte der Kühlschrank. „Was weißt du von den Herden?! Das Schwein da drüben säuft mir den Strom regelrecht weg. Ich habe Mühe, zu überleben."

„Hetz nicht immer gegen den Herd!", sagte ich. „Wir brauchen ihn doch."

„Ich nicht", sagte Bosch. „Außerdem ist er von Bauknecht. Ich kann Bauknecht nicht leiden."

„Paola liebt ihn", sagte ich.

„Paola ist eine Frau", sagte er.

„Und du?", fragte ich. „Sind Kühlschränke Männer? Können Kühlschränke – lieben?"

„Ach ...“, seufzte er. „In mir ist alles kalt, immer schon ist es so kalt in mir. Meine Seele ist ein gefrorener Kubus. Und die anderen Kühlschränke sind weit weg. Damals, oben am Meer, stand neben mir im Laden, in dem deine Eltern mich kauften, eine Kühltruhe, wochenlang stand sie neben mir und ich neben ihr und ... Eines Morgens holte man sie ab. Ich habe sie nie wieder gesehen.“

„Alter ...“, murmelte ich, „Mensch, ich ... ich will, dass du den besten Strom bekommst.“

„Einmal“, sagte er leise, „da gab es einen Strom, der schmeckte – nach Salz und Meer und nach ...“ Er summte leise:

„Und peitscht der Sturm auch wild den Mast,
bäumt sich auch die Flut,
dass du niemals mich vergessen hast,
beflügelte meinen Mut.“

„Von wem ist das?“, fragte ich.

„Ein altes Seemannslied ...“, seufzte er. „Gibt es Strom, der aus Wind gemacht wird? Ich glaube, der Strom damals war aus Wind.“

„Das kann nicht sein“, sagte ich. „Gab es damals schon Strom aus Wind? Aber heute gibt es welchen. Ich versuche es. Vielleicht kann ich welchen bestellen für dich.“

„Dass du niemals mich vergessen hast …“, brummte er, dann erstarb seine Stimme. „Einmal noch“, sagte er, „einmal noch so einen Strom …“

Dann war es wieder still. Ich strich mit der Hand über seine Tür und ging wieder an die Arbeit.

Axel Hacke

Der einzige Reichtum

Hast du das noch nicht gefühlt: wenn du recht geliebt hast, dass alles um dich sich verklärte? Vor mehreren Jahren, da lag der Schnee schon etwas tief, ich bin in der Lindenallee, es waren viele Raben auf die Bäume geflogen, ich war so kalt, so kalt, dass ich nicht einmal fror, obschon es auf mich schneite, ich war ganz empfindungslos. Da ging aber bald darauf die Sonne ganz rot unter, da hab' ich durch den Winter durchgesehen in den Frühling, wo sich Blätter und Blüten warm aneinander im Schoß lagen, durch die Erde durch, wo die Wurzeln mit gierigem Eifer ihre Kraft einsaugen, wo alles schlürft und genießt, wo der Herr, ihr Gott, in sichtbarer Gestalt hinwandelt und mit dem Blick den Segen erweckt, und alles war im Leben: da fühlte ich ganz deutlich, dass alles ewig ist, dass die

Liebe ewig ist, aber nicht alt wird, dass sie durchdringt, dass Gott nur die Liebe in sein Reich aufnimmt, und dass sie der einzige Reichtum ist, den er gewährt; und wohl dem, der sich von ihr entzünden lässt, wo sie in Wahrheit ist.

Bettina Brentano an Achim von Arnim, nach 1808

Bettina Brentano und Achim von Arnim heirateten 1811. Das Paar lebte überwiegend getrennt. Während sich Bettina in Berlin aufhielt, bewirtschaftete Achim das Gut in Wiepersdorf.

Was ist die Liebe?

Was ist die Liebe? Hat keiner ihr Wesen ergründet? Hat keiner das Rätsel gelöst? Vielleicht bringt solche Lösung größere Qual als das Rätsel selbst, und das Herz erschrickt und erstarrt darob, wie beim Anblick der Medusa. Schlangen ringeln sich um das schreckliche Wort, das dieses Rätsel auflöst – Oh, ich will dieses Auflösungswort niemals wissen, das brennende Elend in meinem Herzen ist mir immer noch lieber als kalte Erstarrung.

Heinrich Heine

„Und jedem Anfang wohnt ein Zauber inne" – vom Suchen und Finden der Liebe

Seelenliebe

Ihr Amor ist noch ein Gelbschnabel. Sie sind noch zu jung, um die Liebe in ihrer ganzen Schrecklichkeit zu kennen. Das kann man erst in späteren Jahren. In der Jugend ist die Liebe stürmischer, aber nicht so stark, so allmächtig wie später. Auch ist sie in der Jugend nicht so dauernd. Denn der Leib liebt mit, in der Jugend, und lechzt nach leiblichen Offenbarungen in der Liebe und leiht der Seele allen Ungestüm seines Blutes, die Überfülle seiner Sehnenkraft ... Später, wo diese aufhört, wo das Blut langsamer in den Adern sintert, wo der Leib nicht mehr verliebt ist, liebt die Seele ganz allein, die unsterbliche Seele, und da ihr die Ewigkeit zu Gebote steht, da sie nicht so gebrechlich ist wie der Leib, nimmt sie sich Zeit und liebt weit dauernder und stürzt sich furchtloser in die Abgründe der Leidenschaft.

Heinrich Heine

Ein mutiger Brief

„Geehrtes Fräulein, liebe Base! Ich werde dich in dem Winter, der da kommen wird, in Wien besuchen. Unsere Väter wünschen, dass wir Neigung zueinander fassen, aus welcher eine Eheverbindung wird. Wenn ich die Neigung fassen kann, wenn du auch zu mir diese Neigung zu fassen vermagst, so werde ich sehr erfreut sein. Denke dir aber nicht, dass ich in dem Sinn nach Wien komme, dich durchaus heiraten zu wollen, du hast die Freiheit, wie wenn ich dir fremd wäre und du nie etwas zu mir gesagt hättest. Ich schreibe dir dieses, dass zwischen uns völlige Klarheit sei. Im Sonstigen bin ich dein zugeneigter kleiner Rupert, der aber jetzt ein großer geworden ist.“

Nach sieben Tagen erhielt ich die Antwort: „Kleiner guter Rupert! Es ist bei mir immer die Klarheit, dass ich nach meinem Erkennen tue. Es wäre dein Brief nicht nötig gewesen. Er freut mich aber. Du hast eine sehr schöne Handschrift bekommen. Ich erwarte deine Ankunft und bin im Übrigen deine zugeneigte kleine Hiltiburg, die jetzt auch eine große geworden ist.“

Ich legte den Brief in die Schublade.

Danach verging der Sommer und der Herbst.

Am zwölften Tage des Monates Dezember verließ ich unsere Wohnung in der Stadt Nürnberg und reiste nach Wien.

Ich ging dort in das Haus, in welchem die Base Laran wohnte, bei der Hiltiburg war. Die Base sagte zu mir: „Sei gegrüßt, mein Vetter. Es freut uns, dass du gekommen bist, uns zu besuchen. Bleibe nur recht lange bei uns. Es ist auch recht schön, dass du gerade heute gekommen bist, morgen haben wir ein kleines Abendfest bei uns, zu welchem ich dich lade. Du wirst doch kommen?“

„Ich werde kommen“, sagte ich.

Adalbert Stifter

Siebenschön

Sen. 21.10.15

Es war einmal ein armes Mädchen, das war über alle Maßen fleißig, sittsam und schön. Und da sie so schön war wie sieben andere zusammen, ward sie Siebenschön geheißen.

Eines sonntags in der Kirche erblickte der Königssohn Siebenschön und verliebte sich auf der Stelle in ihre hübsche Gestalt. Um ihr näherzukommen, bestellte er sie des Abends an die große Eiche. Und Siebenschön, die dachte, der Prinz wolle ein Stück Näharbeit in Auftrag geben, ging hin. Als er aber um ihre Hand anhielt, da erschrak das Kind und erbat sich etwas Bedenkzeit. Der Prinz konnte aber unmöglich so lange warten, und schon am nächsten Tage ließ er sie wieder zur Eiche kommen. Auf seine Frage, ob sie sich schon besonnen habe, schüttelte Siebenschön den Kopf und sagte, dass sie arg zu tun habe und gar nicht darüber habe nachdenken können. Und so vergingen mehrere Tage, und immer hielt das Mädchen den Prinzen im Ungewissen. Als sie aber merkte, dass er es mit seiner Liebe ernst meinte, da willigte sie ein und wurde seine Braut.

Jedoch sollte niemand von ihrer Verbindung wissen. Nur die gemeine Hofmeisterin kam hinter das Geheimnis und hintertrug es dem König. Dieser ward gar zornig und ließ das Haus von Siebenschöns Eltern anzünden. Alles brannte darnieder, nur Siebenschön konnte sich in letzter Sekunde in den Brunnen retten.

Als sie wieder ans Tageslicht kam, hatte sie alles verloren, ihre braven Eltern und auch ihre große Liebe, denn der Prinz wähnte sie tot. Da schlüpfte Siebenschön in Männerkleider, nannte sich von nun an Unglück und ging an den Hof, um sich dort zu verdingen. Der König aber fand Gefallen an Unglück und stellte ihn ein.

Nun sollte der Prinz eine andere heiraten, und der ganze Hofstaat machte sich auf zum Schloss der Braut. Auch Unglück war dabei. Und als der Zug den Königssitz schon fast erreicht hatte, da begann Unglück zu singen: „Siebenschön war ich genannt, Unglück ist mir wohl bekannt." Der Prinz lauschte dem schönen Gesang, ritt zum Diener Unglück und erkannte in ihm mit einem Mal seine geliebte Siebenschön. Da führte er das Mädchen vor seinen Vater und bat um dessen Segen. Da der Vater den Diener sehr lieb gewonnen hatte, gab er die Erlaubnis zur Hochzeit. Und sie feierten und tanzten drei Tage und drei Nächte und lebten glücklich bis an ihr Lebensende.

Märchen aus Fehmarn

Am Anfang

Ein Mann beschloss, einen Garten anzulegen. Also bereitete er voller Sorgfalt den Boden vor und säte die schönsten Blumen aus.

Als die Saat aufging, so blühten die Blumen aufs Prächtigste. Dazwischen jedoch wuchs auch der Löwenzahn. Da versuchte der Mann mit mancherlei Methoden, des Löwenzahns Herr zu werden. Weil aber nichts half, ging er in die ferne Hauptstadt, um dort den Hofgärtner des Königs zu befragen.

Der weise, alte Gärtner, der schon manchen Park angelegt und allzeit bereitwillig Rat erteilt hatte, gab vielfältig Auskunft, wie der Löwenzahn loszuwerden sei. Aber das hatte der Mann in seinem Garten schon zur Genüge selbst ausprobiert.

So saßen die beiden eine Zeit lang schweigend beisammen, bis am Ende der Gärtner den ratlosen Mann schmunzelnd anschaute und sagte: „Wenn denn alles, was ich dir vorgeschlagen habe, nichts genützt hat, dann gibt es nur noch einen Ausweg: Lerne, den Löwenzahn zu lieben.“

Nach einer Sufigeschichte

Gut Ding will Weile haben

Nach dem Leitartikel kamen gleich die Inserate der heiratslustigen Damen und hernach die mich nicht mehr interessierenden Annoncen der Herren, meiner Leidensgenossen. Das erste Dameninserat, das mir gefiel, trug die Nummer 15 704. Sehr gerne hätte ich mich um jenes „Fräulein: 23 J.; 1,60 m groß; Vater Beamter, eig. Verm., Eltern auch wohlh.“ beworben, wenn sich das Fräulein nicht seltsamerweise auf eine passende Lebensgefährtin kaprizieren würde. Vielleicht ist dies bloß ein Druckfehler – aber die Auswahl anderer Damen in meinem Blatte ist ja groß genug.

„Haushälterin, 1,75 Meter groß, 42 Jahre alt, 3.000 Mark bar und Aussteuer.“ Herrgott, das wäre was für mich! Wie trefflich würden wir uns ergänzen! Ich bin weder Haushälter, kaum 1,50 groß, noch lange nicht 42 Jahre, und weder von 3.000

Mark noch von Aussteuer ist bei mir etwas zu finden. Aber die große Haushälterin mag mich nicht. Sie versteift sich auf einen Unterbeamten von der Post oder von der Bahn. Eine andere Inserentin, Hausdame, bei einem Major, verschweigt ihr Alter und die Größe und betont dafür, daß sie aus guter Familie sei. Aber sie legt Wert darauf, daß ihr künftiger Ehegemahl ein gebildeter Mensch sei. Da bin ich noch eher ein Haushälter.

An dem dreißig Jahre alten Fräulein, 1,55 groß, 30.000 Mark bar und Ausstattung, später mehr, störte mich bloß die Angabe, daß sie eine ausgezeichnete Klavierspielerin sei.

Zu der „schuldlos geschiedenen Frau, 38 J. a.“ lockte mich besonders die Angabe, daß sie eine Wohnungseinrichtung mit Renaissancemöbeln besitze. Aber sie will mich gewiß nicht, denn sie reflektiert auf ein sympathisches Äußeres, und ich weiß weder, ob mein Äußeres sympathisch ist, noch ob es zu Renaissancemöbeln paßt.

Auch die „junge häusl. Dame, 22 Jahre alt“ würde ich auf der Stelle heiraten, wenn ich wüßte, wie ich die Abkürzung verstehen soll: „1/2 Mill. Mitgift; 1 Mll. später“. Ein halbes Mille wäre etwas zu wenig, eine halbe Million und noch eine Million etwas zu viel für mich bezahlt.

So sollte sich meiner Wahl immer ein Hindernis entgegensetzen. Die eine will partout einen Kellner, die jung geschiedene Frau in seltsamer Logik „einen älteren Herrn, der viel gelitten“, eine dritte gefällt mir nicht, weil sie sich als außerordentlich sportliebend preist, bei einer vierten deckt sich ihr Beruf – sie ist Fleischbeschauerin – nicht mit meiner idealen Veranlagung, und bei einer fünften scheint es mir auffallend, daß sie trotz Jugend, hübscher Erscheinung, großer Mitgift und schöner Aussteuer von ihrem Zukünftigen nichts weiter verlangt, als daß er sehr vorurteilsfrei sei. So fand ich unter den vielen Annoncen nicht eine einzige, die mir gepaßt hätte. Das Blatt entsank meiner Hand, Glaube, Liebe und Hoffnung meinem Herzen.

Die letzte Möglichkeit, die ich ergriff, war ein Besuch bei einer Heiratsvermittlerin in der Gipsstraße. Die alte Dame gefiel mir anfangs gar nicht, aber später leistete ich ihr Abbitte: Trotzdem sie schon unzählige Partien in Millionärs- und Aristokratenkreisen zusammengebracht hat (was sie mir selbst anvertraut hat), ist sie doch nicht hochmütig geworden und hat weiter im dritten Stockwerk eines Hauses in der Gipsstraße eine einfache Wohnung inne, die bloß aus einer Küche und einem Zimmer besteht und in der weder auf Luxus noch auf Reinlichkeit übertriebener Wert gelegt wird. Die gütige Frau notierte meine Personalien auf und versprach felsenfest, mir eine junge, schöne, reiche und nette Gattin zu finden. Freudig und dankerfüllt gab ich ihr die zehn Mark, die sie für Überprüfung meiner Angaben und Vorspesen verlangte, aber mir nach Erhalt der Mitgiftprovision wieder zurückstellen wird. Die brave Frau gibt sich gewiß mit der Auswahl meiner Zukünftigen die denkbar größte Mühe, denn trotzdem seit jenem Besuche schon ein Monat verstrichen ist, habe ich noch nichts von ihr gehört. Gut Ding will Weile haben!

Egon Erwin Kisch

Erste Liebe

I

Ich war damals sechzehn Jahre alt. Es war im Sommer 1833. Ich wohnte in Moskau bei meinen Eltern. In der Nähe des Kalugaschen Tores, gegenüber dem Neskutschny-Park hatten sie ein Landhaus gemietet. Ich bereitete mich auf die Universität vor, aber ich arbeitete recht wenig und ohne Eile.

Niemand beschränkte mich in meiner Freiheit. Ich tat, was ich wollte – besonders seit der Zeit, als ich mich von meinem letzten französischen Erzieher getrennt hatte, der sich niemals mit dem Gedanken abgefunden hatte, dass er „wie eine Granate“ (comme une bombe) nach Russland geraten war, und der sich tagelang mit erbitterter Miene auf dem Bett herumwälzte. Mein Vater behandelte mich gleichgültig freundlich; meine Mutter beachtete mich fast gar nicht, obwohl sie außer mir keine Kinder hatte. Andere Sorgen nahmen sie in Anspruch. Mein Vater, ein noch junger und sehr schöner Mann, hatte sie aus Berechnung geheiratet. Sie war zehn Jahre älter als er. Meine Mutter führte ein trauriges Leben, unaufhörlich befand sie sich in Aufregung, war eifersüchtig oder ärgerte sich – aber nicht in Anwesenheit des Vaters. Sie fürchtete ihn sehr, und er verhielt sich streng, kühl und zurückhaltend … Niemals habe ich einen Mann gesehen, der so ausgesucht ruhig, selbstbeherrscht und selbstbewusst war.

Nie werde ich die ersten Wochen vergessen, die ich in unserem Landhaus verlebte. Das Wetter war herrlich; wir waren am 9. Mai, dem Nikolaustage, aus der Stadt umgezogen. Ich ging spazieren – bald im Garten unseres Landhauses, bald in Neskutschny, bald hinter dem Schlagbaum. Ich nahm dann irgendein Buch mit – gewöhnlich Kaidonows Lehrbuch der Weltgeschichte –, schlug es jedoch nur selten auf. Dagegen deklamierte ich sehr oft mit lauter Stimme Gedichte, von denen ich eine große Menge auswendig wusste. Das Blut kochte in mir, und mein Herz war voll Traurigkeit – voll süßer und zugleich froher Traurigkeit. Immer erwartete oder fürchtete ich irgendetwas, über alles wunderte ich mich, auf alles war ich gefasst. Meine Phantasie trieb ihr Spiel – wie die Schwalben in der Morgenröte um den Kirchturm, kreiste sie rasch um ein und dieselben Vorstellungen. Ich war nachdenklich und betrübt, ich weinte sogar. Doch auch durch die Tränen und durch die Trauer hindurch, die mich bald von einem wohlklingenden Vers, bald von der Schönheit des Abends anwehte, drang wie das Grün des Frühlings das freudige Gefühl des jungen schäumenden Lebens.

Ich hatte ein Reitpferd, ich sattelte es selbst und ritt allein irgendwohin, weit weg, ließ es galoppieren und wähnte mich einen Ritter im Turnier – wie froh wehte mir der Wind um die Ohren! –, oder das Gesicht zum Himmel gewandt, nahm ich sein glänzendes Licht und seine Azurbläue in meine empfängliche Seele auf. Wie ich mich erinnere, drängte sich in jener Zeit das Bild einer Frau, die Vorstellung von Frauenliebe fast niemals in bestimmten Zügen meinem Geiste auf. Aber in allem, was ich dachte, in allem, was ich empfand, verbarg sich das halb unbewusste schamhafte Vorgefühl von irgendetwas Neuem, unsagbar Süßem – Weiblichem.

Dieses Vorgefühl, diese Erwartung durchdrang mein ganzes Sein. Ich atmete es ein, es durchströmte mit jedem Blutstropfen meine Adern ... Es sollte bald in Erfüllung gehen.

Unsere Datsche bestand aus einem hölzernen Herrenhaus mit Säulen und zwei niedrigen kleinen Seitenflügeln. In dem linken Flügel befand sich eine winzige Fabrik für billige Tapeten ... Bisweilen ging ich dahin, um zuzusehen, wie ein Dutzend magerer und zerzauster Jungen in schmutzigen Röcken, mit ausgemergelten Gesichtern in einem fort auf hölzerne Hebel sprangen, die die viereckigen Klötze der Presse andrückten, und auf diese Weise pressten sie durch die Schwere ihrer gebrechlichen Körper die bunten Tapetenmuster auf.

Der rechte Flügel stand leer und war zu vermieten. Eines Tages – etwa drei Wochen nach dem 9. Mai – wurden die Fensterläden dieses Flügels geöffnet, und es kamen zwei Frauengesichter zum Vorschein – es musste irgendeine Familie den Flügel bezogen haben. Ich erinnere mich, dass die Mutter sich an diesem Tage während des Mittagessens bei dem Hausmeister erkundigte, wer unsere neuen Nachbarn seien, und als sie den Namen der Fürstin Sasekin vernahm, sagte sie nicht ohne eine gewisse Achtung: „Ah, eine Fürstin!“ …

Dann fügte sie jedoch hinzu: „Irgendeine arme muss es sein.“

„Mit drei Droschken kamen sie her“, bemerkte der Hausmeister und reichte achtungsvoll die Schlüssel. „Eigene Equipage haben sie nicht, und die Möbel sind äußerst einfach.“

„So“, erwiderte die Mutter, „aber es ist immerhin besser –“

Der Vater sah sie kalt an. Sie verstummte.

Und in der Tat, es konnte keine reiche Frau sein. Der von ihr bezogene Flügel war so alt und klein und niedrig, das auch nur einigermaßen bemittelte

Leute sich nicht darin niedergelassen hätten. Übrigens ging mir das alles an den Ohren vorbei. Der Fürstentitel machte wenig Eindruck auf mich – ich hatte vor Kurzem Schillers „Räuber“ gelesen.

II

Ich hatte die Gewohnheit, jeden Abend mit der Flinte in unserem Garten umherzustreifen, um den Krähen aufzulauern. Gegen diese vorsichtigen, raubgierigen, listigen Vögel empfand ich seit Langem einen Hass. An dem genannten Tage war ich auch in den Garten gegangen, und nachdem ich vergeblich alle Alleen durchwandert hatte (die Krähen kannten mich und ließen nur von fern ein abgehacktes Krächzen hören), näherte ich mich zufällig der niedrigen Umzäunung, die unsere Besitzung von dem schmalen Streifen Garten trennte, der sich hinter dem rechten Flügel ausdehnte und zu ihm gehörte. Den Kopf gesenkt, schritt ich dahin. Plötzlich vernahm ich Stimmen: Ich blickte über den Zaun und war wie versteinert – mir bot sich ein eigenartiges Schauspiel.

Nur wenige Schritte von mir – auf dem Rasen, zwischen grünen Himbeersträuchern – stand ein hohes, schlankes Mädchen in gestreiftem rosafarbenen Kleid, mit einem weißen Tüchlein auf dem Kopf. Um sie herum drängten sich vier junge Leute, und sie klopfte sie der Reihe nach mit jenen kleinen grauen Blumen auf die Stirn, deren Namen ich nicht mehr weiß, die aber Kindern sehr gut bekannt sind. Diese Blumen bilden kleine Säckchen und platzen, wenn man damit an irgendetwas Hartes schlägt, mit einem lauten Knall.

Die jungen Leute hielten ihre Stirn mit solchem Vergnügen hin – und in den Bewegungen des Mädchens (ich sah sie von der Seite) lag etwas so Bezauberndes, Gebieterisches, Liebkosendes, Frohsinniges und Liebliches, dass ich vor Bewunderung und Vergnügen fast aufgeschrien hätte, und ich glaube, ich hätte alles in der Welt darum gegeben, wenn die reizenden Fingerchen auch mich auf die Stirn geschlagen hätten. Das Gewehr glitt mir aus den Händen und fiel ins Gras. Ich vergaß alles, meine Blicke verschlangen diese schlanke Gestalt, diesen Hals, diese schönen Hände, dieses leicht gelöste blonde, unter dem weißen Tuch hervorquellende Haar, diese halbgeschlossenen großen Augen, diese Wimpern, diese zarten Wangen …

„Sie, junger Mann“, sprach plötzlich neben mir eine Stimme, „ist es denn anständig, in dieser Weise fremde Damen anzusehen?“

Ich erbebte am ganzen Körper und erstarrte … Neben mir hinter dem Zaun stand irgendein Mann mit kurzgeschnittenem schwarzen Haar und sah mich ironisch an. In demselben Augenblick wandte sich auch das Mädchen zu mir um … Ich erblickte große graue Augen in einem erregten lebhaften Gesicht – und dieses ganze Gesicht erzitterte plötzlich, fing an zu lachen, die weißen Zähne funkelten, die Brauen zogen sich irgendwie komisch in die Höhe …

Ich wurde feuerrot, haschte nach meinem Gewehr auf der Erde und lief, von schallendem, aber nicht boshaftem Gelächter begleitet, fort. Ich warf mich aufs Bett und bedeckte das Gesicht mit den Händen. Das Herz sprang wie rasend in mir, ich schämte mich und freute mich sehr. Ich empfand eine nie gekannte Erregung.

Als ich mich erholt hatte, kämmte ich mich, wusch mich und ging zum Tee hinunter. Das Bild des jungen Mädchens schwebte mir vor Augen. Das Herz hörte auf zu hämmern, aber es krampfte sich irgendwie angenehm zusammen.

„Was fehlt dir?“, fragte plötzlich mein Vater. „Hast du eine Krähe geschossen?“

Beinahe hätte ich ihm alles erzählt, aber ich hielt an mich und lächelte nur vor mich hin. Als ich schlafen ging, drehte ich mich, ich weiß selbst nicht warum, wohl dreimal auf einem Bein herum, pomadisierte mich, legte mich hin und schlief die ganze Nacht wie ein Toter. Gegen Tagesanbruch erwachte ich für einen Augenblick, hob den Kopf, blickte mich entzückt um und schlief wieder ein.

Iwan Turgenew

Neue Liebe, neues Leben

Herz, mein Herz, was soll das geben?
Was bedränget dich so sehr?
Welch ein fremdes, neues Leben!
Ich erkenne dich nicht mehr.
Weg ist alles, was du liebtest,
Weg, warum du dich betrübtest,
Weg dein Fleiß und deine Ruh –
Ach, wie kamst du nur dazu!

Fesselt dich die Jugendblüte,
Diese liebliche Gestalt,
Dieser Blick voll Treu und Güte
Mit unendlicher Gewalt?
Will ich rasch mich ihr entziehen,
Mich ermannen, ihr entfliehen,
Führet mich im Augenblick,
Ach, mein Weg zu ihr zurück.

Und an diesem Zauberfädchen,
Das sich nicht zerreißen lässt,
Hält das liebe, lose Mädchen
Mich so wider Willen fest;
Muss in ihrem Zauberkreise
Leben nun auf ihre Weise.
Die Verändrung, ach, wie groß!
Liebe! Liebe! lass mich los!

Johann Wolfgang von Goethe

Zu lieben ist gut

Zu lieben ist gut: denn Liebe ist schwer. Liebhaben von Mensch zu Mensch: das ist vielleicht das Schwerste, was uns aufgegeben ist, das Äußerste, die letzte Probe und Prüfung, die Arbeit, für die alle andere Arbeit nur Vorbereitung ist. Darum können junge Menschen, die Anfänger in allem sind, die Liebe noch nicht: sie müssen sie lernen. Mit dem ganzen Wesen, mit allen Kräften, versammelt um ihr einsames, banges, aufwärts schlagendes Herz, müssen sie lieben lernen. Lernzeit aber ist immer eine lange, abgeschlossene Zeit, und so ist Lieben für lange hinaus und weit ins Leben hinein –: Einsamkeit, gesteigertes und vertieftes Alleinsein für den, der liebt. Lieben ist zunächst nichts, was aufgehen, hingeben und sich mit einem Zweiten vereinen heißt (denn was wäre eine Vereinigung von Ungeklärtem und Unfertigem, noch Ungeordnetem –?), es ist ein erhabener Anlass für den Einzelnen, zu reifen, in sich etwas zu werden, Welt zu werden, Welt zu werden für sich um eines anderen willen, es ist ein großer, unbescheidener Anspruch an ihn, etwas, was ihn auserwählt und zu Weitem beruft.

Rainer Maria Rilke

„Endlich, endlich darf ich hoffen" – vom Bangen und Hoffen

Darf ich auf Sie hoffen?

Sehr geehrtes, liebenswürdiges Fräulein!

Nicht als ob ich mich mit einer Ihnen befremdenden Angelegenheit an Sie, verehrtes Fräulein, wenden würde, nein, in der Überzeugung, dass Ihnen längst mein zwar stilles, aber beständiges Harren auf Sie bekannt ist, ergreife ich die Feder, um Sie zu belästigen. Meine größte und innigste Bitte, die ich hiermit an Sie, Fräulein Josephine, zu richten wage, ist, Fräulein Josephine wollen mir gütigst offen und aufrichtig Ihre letzte und endgültige, aber auch ganz entscheidende Antwort schriftlich zu meiner künftigen Beruhigung mitteilen, und zwar über die Frage: Darf ich auf Sie hoffen und bei Ihren lieben Eltern um Ihre Hand werben? Oder ist es Ihnen nicht möglich aus Mangel an persönlicher Zuneigung, mit mir den ehelichen Schritt zu tun?

Fräulein sehen, dass die Frage entscheidend ist. Das eine oder das andere bitte ich inständigst mir so bald als möglich ebenso entschieden, aber gewiss zu schreiben.

Bitte sagen Fräulein Josephine dies Ihren lieben Eltern, aber sonst niemandem (bitte das strengste Geheimnis bewahren zu wollen!), und wählen Sie einen aus den vorgelegten zwei Punkten der Frage im Einverständnis mit Ihren lieben Eltern. Mein treuer Freund, Ihr Herr Bruder, hat bereits mich auf alles vorbereitet und wird auch Sie schon seinem Versprechen gemäß verständigt haben.

Noch mal meine Bitte: Wollen Fräulein ganz offen und aufrichtig und ganz entschieden schreiben entweder: Ich darf um Sie werben; oder gänzlich ewige Absage (kein Mittelding etwa vertrösten oder umschreiben, da bei mir die höchste Zeit bereits vorhanden ist). (Zudem wird sich Ihr Gefühl nicht leicht verändern, weil Fräulein sehr vernünftig sind.) Fräulein dürfen die reine Wahrheit mir unbesorgt sagen, weil selbe in jedem Falle mir Beruhigung gewähren wird.

Mit Handkuss einer möglichst baldigen entschiedenen Antwort entgegenharrend

Anton Bruckner

Dies ist Anton Bruckners zweiter von insgesamt neun Heiratsanträgen, die er im Laufe seines Lebens macht. Fräulein Josephine weist ihn ab, ebenso wie alle anderen jungen Damen, um deren Hand Bruckner anhält und die übrigens nie älter als 19 Jahre alt sind. Es heißt, dass der Komponist im Umgang mit Frauen sehr linkisch war.

Febr. '16

Der Baum mit den gläsernen Blüten

Es war einmal ein König, der hatte drei Töchter. Die liebte er aus ganzem Herzen und machte ihnen allerlei Geschenke, nur die Jüngste vergaß er dabei des Öfteren. Als er nun einmal wieder auf Reisen ging, fragte er deshalb allein die Letztgeborene nach ihrem Wunsch. Sie antwortete: „Bring mir einen Zweig vom Baum mit den gläsernen Blüten.“ Da der König dem Mädchen diesen Wunsch nicht abschlagen wollte, suchte er so lange, bis er in einem tiefen Wald einen ebensolchen Baum gefunden hatte. Und seine gläsernen Blüten klingelten im Wind wie Glöckchen. Kaum hatte der König einen Zweig gebrochen, da erschien ein Bär und wollte ihn töten. Erst als der König dem Bären seine jüngste Tochter versprach, ließ er ihn ziehen. In drei Wochen wollte der Bär die Königstochter zu sich holen. Zuhause erzählte der König, was ihm geschehen war. Die jüngste Tochter aber warf den Zweig in ihrem Elend aus dem Fenster. Dort, auf der großen Weide fand ihn eine arme, barfüßige Gänsehirtin, die noch nie in ihrem Leben etwas so Schönes besessen hatte. Als nun die drei Wochen um waren, kam der Bär und verlangte seine Braut. Die Gänsehirtin, die das hörte, fand, dass der Bär freundliche Augen hätte, und dachte bei sich: „Einer, der so etwas Schönes wie den Baum mit den gläsernen Blüten besitzt, kann unmöglich böse sein.“ Und so bot sie an, anstatt der Königstochter mit dem Bären zu gehen. Der Bär führte die Gänsehirtin in ein prächtiges Schloss im Wald, und als sie gegessen hatten, hielt er um ihre Hand an. Da erschrak die Gänsehirtin, denn sie konnte ja nicht die Frau eines Bären werden. Der Bär fragte sie wieder und wieder und sah dabei so traurig drein, dass das Mädchen nicht anders konnte und schließlich in sein Bitten einwilligte. In diesem Moment verwandelte sich der Bär, der einst verzaubert worden war, in einen schönen jungen Prinzen. So lebten sie von nun an glücklich in dem großen Schlosse, und der Baum im Garten trug allzeit gläserne Blüten, die klingelten wie Glöckchen, wenn der Wind durch die Zweige strich.

Aus Portugal

März 2018

Die Insel der Gefühle

Vor sehr langer Zeit gab es einmal eine wunderschöne kleine Insel. Auf dieser Insel waren alle Gefühle der Menschen zu Hause: der Humor, die gute Laune, die Traurigkeit, die Einsamkeit, das Glück, das Wissen und natürlich auch die Liebe.

Eines Tages wurde den Gefühlen überraschend mitgeteilt, dass die Insel bald sinken würde. Also bauten alle Gefühle Schiffe, um die Insel zu verlassen. Nur die Liebe wollte bis zum letzten Augenblick warten, denn sie hing sehr an der schönen kleinen Insel.

Da begann die Insel langsam zu sinken, und die Liebe bat die anderen Gefühle um Hilfe. Als der Reichtum mit seinem luxuriösen Schiff die Insel verließ, fragte ihn die Liebe: „Reichtum, kannst du mich nicht mitnehmen?“

„Nein, kann ich nicht. Auf meinem Schiff habe ich sehr viele Edelsteine, Gold und Diamanten. Da ist kein Platz mehr für dich.“

Also fragte die Liebe den Stolz, der auf seinem wunderbaren Schiff vorbeikam: „Stolz, kannst du mich bitte mitnehmen?“

„Ich kann dich nicht mitnehmen, Liebe“, antwortete der Stolz, „hier ist alles perfekt, und du könntest mein schönes Schiff beschädigen.“

Dann fragte die Liebe die Traurigkeit: „Bitte, Traurigkeit, nimm du mich mit!“

„Oh Liebe“, entgegnete die Traurigkeit, „ich bin so traurig, dass ich allein bleiben muss.“

Als die gute Laune vorbeikam, war diese zufrieden und ausgelassen. Sie hörte nicht einmal, dass die Liebe ihr etwas zurief.

Plötzlich aber rief eine Stimme: „Komm, Liebe, ich nehme dich mit.“

Die Liebe war so dankbar und so glücklich, dass sie ganz und gar vergaß, ihren Retter nach seinem Namen zu fragen.

Erst lange Zeit später fragte die Liebe das Wissen: „Wissen, kannst du mir vielleicht verraten, wer mich damals auf seinem Schiff mitgenommen hat?“

„Ja sicher“, antwortete das Wissen, „das war die Zeit.“

„Die Zeit?“, fragte die Liebe erstaunt. „Warum hat mir die Zeit geholfen?“

Und das Wissen antwortete: „Weil nur die Zeit versteht, wie wichtig die Liebe im Leben ist.“

Weisheitsgeschichte

An ein unbekanntes Fräulein

Unbekanntes kleines Fräulein!

Weil ich Sie nicht kenne, schreibe ich Ihnen durch die Zeitung. Ja, indem ich mir die Umstände unserer Begegnung überlege, wird mir klar, dass ich an jemand schreibe, den es gar nicht mehr gibt oder doch nur in höchst schattenhafter Weise. Jene Begegnung vollzog sich aber unter sehr alltäglichen Umständen. Sie stiegen in einen Wagen der Straßenbahn ein, worin ich saß. Ich vermute, dass Sie mich unter den wenigen Fahrgästen bemerkt haben werden, denn Sie trugen ein ungemein gehaltenes Wesen zur Schau, ganz kleine Dame, die es fühlt, dass man sie betrachtet. In Ihrer Gesellschaft befand sich ein Herr meines eigenen Alters, der mir auch gefiel; er konnte ein viel älterer Bruder sein, aber wenn er Ihr Vater gewesen sein sollte, so erwies er sich in einer jugendlichen Weise gleichgestellt und gar nicht herrisch, und ich möchte vermuten, dass Sie seinen Gedanken in einer ähnlichen Weise schmeichelten wie den meinen. Ich schätze, dass Sie damals höchstens vierzehn Jahre alt waren. Sie trugen ein straßenfarbenes Samtkleid, das in der Mitte eng anlag, sodass der etwas schwere und doch bildsame Stoff darüber und darunter die Reife der weiblichen Figur vortäuschte, ohne dass doch der Figur das Kindhafte genommen worden wäre.

Mir war sogleich der Name „Kind-Frau“ eingefallen, als ich Sie ansah. Ihr Samtkleid hatte an den engen Ärmeln Stulpen aus Pelz und war auch unten mit Pelz verbrämt, wo es einen weiten Radsaum bildete, und es gemahnte ein wenig an ein Nationalkostüm oder an ein Eislaufkostüm, aber es war wahrscheinlich überhaupt kein Kleid, sondern ein Mantel: Sie selbst werden das gewiss heute noch wissen und sich gern daran erinnern, ich aber kann zu meiner Entschuldigung nur anführen, dass Bewunderung eben immer viel ungenauer beobachtet als Selbstbewunderung, die sachlich vor dem Spiegel auf die Einzelheiten eingeht und sie prüft.

Vielleicht ist diese Ausrede falsch, aber jedenfalls gibt sie zu, dass meine Bewunderung unsachlich und in einem nicht ganz einwandfreien Sinne romantisch war, was auch ganz natürlich ist, denn die Möglichkeit, mich in Sie zu verlieben, lag ja gerade darin, dass ich nicht im vollen Bewusstsein der Wirklichkeit handelte, die mir das nicht erlaubt hätte. Lassen Sie uns das gute, alte Wort Traum dafür gebrauchen: dort begegnet man einem Menschen, erkennt, wer er ist, und weiß, dass er ein anderer ist; in ähnlicher Weise, tief im Bergwerk, über dem wir uns sonst bewegen, blieben Sie für mich ein Kind und waren doch eine in den Maßen verkleinerte Frau – zehn Minuten, ehe Sie ausstiegen und mir verloren gingen, ohne dass ich mich dagegen wehrte. Die Art, wie Sie eintraten, sich setzten und dem Schaffner ein wenig nachlässig das Geld reichten (denn Sie taten das und nicht Ihr Begleiter), war ohne jede Spur jener Affektation, mit der ein Kind so etwas tut; und die Züge Ihres Gesichts, das ich mit seinem dunklen Rot, den starken Brauen, den vollen Lippen und der ein wenig aufgebogenen Nase noch vor mir sehe, waren zwar Ihren Jahren voraus, aber trotzdem bildeten sie nicht etwa nur das verkleinerte Gesicht einer erwachsenen Frau. Es fällt mir dabei ein, dass man Ihre Erscheinung auch ganz und gar mit einer „Knospe" vergleichen durfte, denn die Form einer solchen ist zwar jugendlich, aber hart und entschieden, und der Liebreiz Ihrer verfrüht aufgeblühten Kindhaftigkeit glich eher einer Blume ohne Wurzeln, ja ohne Stiel.

Mehr habe ich Ihnen eigentlich nicht zu sagen. Und ich habe weder eine Moral noch eine Unmoral daraus abzuleiten: offenbar lag unsere Begegnung zwischen diesen beiden Möglichkeiten, und es sind ja auch schon über zehn Jahre seither ohne Folgen vergangen. Zuweilen erinnern Sie mich daran, dass es allerhand Geschichten von Frauen gibt, die eine geheimnisvolle Herkunft aus Baumästen, Quellen oder Retorten hatten, Frauen, die nicht ganz Frau waren und mit diesem Nicht-Ganz die Männer bis zum Märchenerfinden reizten. Es ist das offenbar eine Phantasie, die der Mannsperson aus vielerlei Gründen ans Herz geht. Und andererseits frage ich mich, was wohl Sie noch von dem kleinen Mädchen wissen mögen, das es nicht erwarten wollte, Sie zu werden, und sicher jetzt ein wenig davon enttäuscht ist.

Robert Musil

Auf den Flügeln der Liebe

Also ich fliege und bin so aufgeregt. Bin gerade nach Hause gekommen. Neben mir steht eine Pralinenschachtel – ich esse daraus, aber die mit Cremefüllung beiße ich nur an, um zu sehen, ob eventuell Nuss drin ist, sonst mag ich sie nicht – und quetsche sie dann immer wieder zusammen, dass sie wie neu aussehn – und morgen schenke ich sie meiner Mutter und Therese. Die Schachtel ist von Conrad Veidt – Armin heißt er – eigentlich hasse ich diesen Namen, weil er in der Illustrierten mal als Reklame für ein Abführmittel gebraucht wurde.

Und immer, wenn er mal vom Tisch aufstand, musste ich denken: Armin, hast du heute Morgen auch Laxin genommen? und musste idiotisch lachen, und er fragte: Warum lachst du so silbern, du süßes Geschöpf?

Und ich: Ich lache, weil ich so glücklich bin.

Gott sei Dank sind ja Männer viel zu eingebildet, um auf die Dauer zu glauben, man könnte sie auslachen. Und adlig wär’ er! Na, so dumm bin ich nun auch nicht – zu glauben, dass es lebendig herumlaufende Adelige gibt. Aber ich dachte: Mach ihm die Freude, und sagte, ich hätt’ ihm das doch gleich angesehn. Aber er hatte einen künstlerischen Einschlag, und wir hatten einen sehr anregenden Abend, wir haben ausgezeichnet getanzt und uns wirklich intelligent unterhalten. Man findet das selten. Erst sagte er allerdings, er wollte mich zum Film bringen – na, ich ging nachsichtig darüber weg. Sie können nun mal nichts dafür, dass sie jedem Mädchen erzählen, sie wären Generaldirektoren vom Film oder hätten wenigstens unerhörte Beziehungen. Ich frage mich nur, ob es noch Mädchen gibt, die darauf reinfallen.

Aber das ist alles nicht die Hauptsache – sondern dass ich Hubert gesehen habe, wie er gerade zur Tür rausging. Und ein ganzes Jahr war er fort – ach, ich bin furchtbar müde jetzt. Und Hubert war eigentlich sehr gemein, aber trotzdem wurde ich gleich reserviert mit dem Laxinmann, der ohnehin nur auf der Durchreise war. Sicher hat Hubert mich nicht gesehen, aber mir war es wie ein Stich – so der Rücken mit schwarzem Mantel und der Kopf ein bisschen schief auf der Seite und der blonde Hals – und musste nur denken an den Ausflug in den Kuckuckswald, wo er lag – die Augen zu. Und die Sonne machte, dass der Boden summte und die Luft so zittrig – und ich setzte ihm Ameisen ins

Gesicht, wie er schlief, weil ich nie müde bin mit einem Mann, in den ich verliebt bin – und setzte ihm Ameisen in die Ohren – und Huberts Gesicht war ein Gebirge mit Tälern und allem, und er schrumpfte die Nase so ulkig ein und hatte den Mund halb offen – wie eine Wolke flog sein Atem raus – ich hielt einen Grashalm hin, der bewegte sich. Und er sah richtig ein bisschen blöd aus, aber für sein Schlafgesicht liebte ich ihn mehr als für seine Küsse – und die waren schon sehr großartig. Und dann sagte er mir Eichhörnchen, weil ich so eine Art habe, die oberen Zähne vorzuschieben und die Lippe hoch – und tat das immer, weil er das zum Lachen fand und sich freute. Und er glaubte, ich wüsste gar nicht, wenn ich's tu – und bei dem Glauben lässt man dann ja auch einen Mann.

Und bin jetzt so müde, dass ich am liebsten das Kleid nicht ausziehen würde – mit Gustav Mooskopf war ich mal so müde, dass ich bei ihm geschlafen habe – nur weil's so weit war bis nach Haus und er mir die Schuhe ausziehen könnte und so – und da denken die Männer immer, es wäre Liebe oder Sinnlichkeit oder beides – oder weil sie so wunderbar sind und ein kolossales Fluidum haben, vor dem man schwach wird und wild in einem und dabei gibt es Millionen Gründe für ein Mädchen, bei einem Mann zu schlafen.

Irmgard Keun

„Im Grenzenlosen sich zu finden" – vom Leben der Liebe

Ich und du

Wir träumten voneinander
Und sind davon erwacht.
Wir leben, um uns zu lieben,
Und sinken zurück in die Nacht.

Du tratst aus meinem Traume,
Aus deinem trat ich hervor,
Wir sterben, wenn sich eines
Im andern ganz verlor.

Auf einer Lilie zittern
Zwei Tropfen, rein und rund,
Zerfließen in eins und rollen
Hinab in des Kelches Grund.

Friedrich Hebbel

Ein Liebeslied

Komm zu mir in der Nacht – wir schlafen
engumschlungen.
Müde bin ich sehr, vom Wachen einsam.
Ein fremder Vogel hat in dunkler Frühe schon
gesungen,
Als noch mein Traum mit sich und mir gerungen.

Es öffnen Blumen sich vor allen Quellen
Und färben sich mit deinen Augen Immortellen …

Komm zu mir in der Nacht auf Siebensternen-
schuhen
Und Liebe eingehüllt spät in mein Zelt.
Es steigen Monde aus verstaubten Himmeltruhen.

Wir wollen wie zwei seltene Tiere liebesruhen
Im hohen Rohre hinter dieser Welt.

Else Lasker-Schüler

Weise Vorsicht im Umgange

Wichtig ist die Sorgfalt, welche Eheleute anwenden müssen, wenn sie sich so täglich sehen und sehn müssen und also Muße und Gelegenheit genug haben, einer mit des andern Fehlern und Launen bekannt zu werden und, selbst durch die kleinsten derselben, manche Ungemächlichkeit zu leiden; wichtig ist es, Mittel zu erfinden, um sich dann nicht gegenseitig lästig, langweilig, nicht kalt, gleichgültig gegeneinander zu werden oder gar Ekel und Abneigung zu empfinden. Hier ist also weise Vorsicht im Umgange nötig. Verstellung fällt in allem Betrachte weg; aber einer gewissen Achtsamkeit auf sich selbst und der möglichsten Entfernung alles dessen, was sicher widrige Eindrücke machen muss, soll man sich befleißigen. Man setze daher nie gegeneinander jene Höflichkeit aus den Augen, die sehr wohl mit Vertraulichkeit bestehn mag und die den Mann von feiner Erziehung bezeichnet. Ohne sich fremd zu werden, sorge man doch dafür, dass man durch oft wiederholte Gespräche über dieselben Gegenstände nicht langweilig sei, dass man sich nicht so auswendig lerne, dass jedes Gespräch der Eheleute unter vier Augen lästig scheint und man sich nach fremder Unterhaltung sehnt.

Freiherr Adolph von Knigge

Das Hohelied Salomos

Siehe, meine Freundin, du bist schön! siehe, schön bis du! Deine Augen sind wie die Taubenaugen zwischen deinen Zöpfen. Dein Haar ist wie eine Herde Ziegen, die gelagert sind am Berge Gilead herab.

Deine Zähne sind wie eine Herde Schafe mit beschnittener Wolle, die aus der Schwemme kommen, die allzumal Zwillinge haben, und es fehlt keiner unter ihnen.

Deine Lippen sind wie eine scharlachfarbene Schnur und deine Rede lieblich. Deine Wangen sind wie der Ritz am Granatapfel zwischen deinen Zöpfen.

Dein Hals ist wie der Turm Davids, mit Brustwehr gebaut, daran tausend Schilde hangen und allerlei Waffen der Starken.

Deine zwei Brüste sind wie zwei junge Rehzwillinge, die unter den Rosen weiden.

Bis der Tag kühl wird und die Schatten weichen, will ich zum Myrrhenberge gehen und zum Weihrauchhügel.

Du bist allerdings schön, meine Freundin, und ist kein Flecken an dir.

Komm mit mir, meine Braut, von Libanon, komm mit mir vom Libanon, tritt her von der Höhe Amana, von der Höhe Senir und Hermon, von den Wohnungen der Löwen, von den Bergen der Leoparden!

Du hast mir das Herz genommen, meine Schwester, liebe Braut, mit deiner Augen einem und mit deiner Halsketten einer.

Wie schön ist deine Liebe, meine Schwester, liebe Braut! Deine Liebe ist lieblicher denn Wein, und der Geruch deiner Salben übertrifft alle Würze.

Deine Lippen, meine Braut, sind wie triefender Honigseim; Honig und Milch ist unter deiner Zunge, und deiner Kleider Geruch ist wie der Geruch des Libanon.

Meine Schwester, liebe Braut, du bist ein verschlossener Garten, eine verschlossene Quelle, ein versiegelter Born.

Deine Gewächse sind wie ein Lustgarten von Granatäpfeln mit edlen Früchten, Zyperblumen mit Narden, Narde und Safran, Kalmus und Zimt, mit allerlei Bäumen des Weihrauchs, Myrrhen und Aloe mit allen besten Würzen.

Ein Gartenbrunnen bist du, ein Born lebendiger Wasser, die vom Libanon fließen.

Stehe auf, Nordwind, und komm, Südwind, und wehe durch meinen Garten, dass seine Würzen triefen!

Mein Freund komme in seinen Garten und esse von seinen edlen Früchten.

Kapitel 4 aus dem Hohelied

Frauenhilfe 9.09.15

Die Einladung

Eines Tages entdeckte eine Frau im Vorgarten ihres Hauses drei alte Männer mit langen weißen Bärten. Sie kannte sie nicht, fragte aber, ob sie hungrig seien und in ihrem Haus vielleicht etwas essen möchten.

„Ist der Herr des Hauses zu sprechen?“, fragten sie.

„Nein“, antwortete die Frau.

„Dann können wir nicht reinkommen“, entgegneten die Männer.

Als der Mann am Abend nach Hause kam, erzählte ihm die Frau von den wunderlichen Männern im Garten. „Sag ihnen, sie sollen hereinkommen“, bestimmte der Mann.

Die Frau ging hinaus und lud die Männer abermals ein.

„Wir gehen nie zusammen in ein Haus“, antworteten sie.

„Aber warum denn nicht?“, fragte die Frau entgeistert.

Einer der Männer erklärte: „Sein Name ist Reichtum“, und er deutete dabei auf einen von ihnen. Dann deutete er auf den anderen und sagte: „Sein Name ist Erfolg, und mein Name ist Liebe. Ihr müsst euch überlegen, wen von uns ihr ins Haus bitten wollt.“

Die Frau ging zurück zu ihrem Mann und berichtete von der Unterhaltung. Ihr Mann war hocherfreut und sagte: „Dann lass uns den Reichtum einladen!“

Seine Frau aber meinte: „Nein, nein, mein Lieber. Lass uns den Erfolg einladen.“

Ihre Tochter wiederum sagte: „Wäre es nicht schöner, wir würden die Liebe einladen?“

„Sie hat recht“, sagte der Mann. „Geh hinaus und lass die Liebe unser Gast sein.“

Die Frau ging erneut hinaus und fragte die drei alten Männer: „Wer von euch ist die Liebe? Bitte kommen Sie herein und seien Sie unser Gast.“

Die Liebe trat ins Haus, und kaum war sie über die Schwelle getreten, da folgten ihr die beiden anderen Alten. Überrascht fragte die Frau den Reichtum und den Erfolg: „Ich habe doch nur die Liebe eingeladen. Warum wollt ihr plötzlich auch mitkommen?“

Da antworteten die alten Männer im Chor:

„Wenn Sie Reichtum oder Erfolg eingeladen hätten, wären die beiden anderen draußen geblieben. Da Sie sich aber für die Liebe entschieden haben, können wir auch bei Ihnen essen. Denn wo die Liebe ist, sind auch wir.“

Weisheitsgeschichte

Niemals in die Zukunft fragen

Durch die finsteren menschenleeren Gassen eilte er nach Hause, und wenige Minuten später, nachdem er, wie vierundzwanzig Stunden vorher, schon in seinem Ordinationszimmer sich entkleidet hatte, so leise als möglich betrat er das eheliche Schlafgemach.

Er hörte den gleichmäßig-ruhigen Atem Albertinens und sah die Umrisse ihres Kopfes sich auf dem weichen Polster abzeichnen. Ein Gefühl von Zärtlichkeit, ja von Geborgenheit, wie er es nicht erwartet, durchdrang sein Herz. Und er nahm sich vor, ihr bald, vielleicht morgen schon, die Geschichte der vergangenen Nacht zu erzählen, doch so, als wäre alles, was er erlebt, ein Traum gewesen – und dann, erst wenn sie die ganze Nichtigkeit seiner Abenteuer gefühlt und erkannt hatte, wollte er ihr gestehen, dass sie Wirklichkeit gewesen waren. Wirklichkeit?, fragte er sich – und gewahrte in diesem Augenblick, ganz nahe dem Antlitz Albertinens auf dem benachbarten, auf seinem Polster etwas Dunkles, Abgegrenztes, wie die umschatteten Linien eines menschlichen Gesichts. Einen Moment nur stand ihm das Herz still, im nächsten schon wusste er, woran er war, griff nach dem Polster hin und hielt die Maske in der Hand, die er während der vorigen Nacht getragen, die ihm, während er heute Morgen das Paket zusammengerollt, ohne dass er es bemerkt, entglitten, und von dem Stubenmädchen oder Albertine selbst gefunden sein mochte. So konnte er auch nicht daran zweifeln, dass Albertine nach diesem Fund mancherlei ahnte und vermutlich noch mehr und noch Schlimmeres, als sich tatsächlich ereignet hatte. Doch die Art, wie sie ihm das zu verstehen gab, ihr Einfall, die dunkle Larve neben sich auf das Polster hinzulegen, als hätte sie nun sein, des Gatten, ihr nun rätselhaft gewordenes Antlitz zu bedeuten, diese scherzhafte, fast übermütige Art, in der zugleich eine milde Warnung und die Bereitwilligkeit des Verzeihens ausgedrückt schien, gab Fridolin die sichere Hoffnung, dass die, wohl in Erinnerung ihres eigenen Traums – was auch geschehen sein mochte, geneigt war, es nicht allzu schwer zu nehmen. Fridolin aber, mit einem Male am Ende seiner Kräfte, ließ die Maske zu Boden gleiten, schluchzte, sich selbst ganz unerwartet, laut und schmerzlich auf, sank neben dem Bette nieder und weinte leise in die Kissen hinein.

Nach wenigen Sekunden fühlte er eine weiche Hand über seine Haare streichen. Er erhob sein Haupt, und aus der Tiefe seines Herzens entrang sich's ihm: „Ich will dir alles erzählen.“

Sie hob zuerst, wie in leiser Abwehr, die Hand; er fasste sie, behielt sie in der seinen, sah wie fragend und zugleich bittend zu ihr auf, sie nickte ihm zu und er begann.

Der Morgen dämmerte grau durch die Vorhänge, als Fridolin zu Ende war. Nicht ein einziges Mal hatte ihn Albertine mit einer neugierigen oder ungeduldigen Frage unterbrochen. Sie fühlte wohl, dass er ihr nichts verschweigen wollte und konnte. Ruhig lag sie da, die Arme im Nacken verschlungen, und schwieg noch lange, als Fridolin schon längst geendet hatte. Endlich – er lag an ihrer Seite hingestreckt – beugte er sich über sie, und in ihr regungsloses Antlitz mit den großen hellen Augen, in denen jetzt der Morgen aufzugehen schien, fragte er zweifelnd und hoffnungsvoll zugleich: „Was sollen wir tun, Albertine?“

Sie lächelte, und nach kurzem Zögern erwiderte sie: „Dem Schicksal dankbar sein, glaube ich, dass wir aus allen Abenteuern heil davongekommen sind – aus den wirklichen und den geträumten.“

„Weißt du das auch gewiss?“, fragte er.

„So gewiss, dass ich ahne, dass die Wirklichkeit einer Nacht, ja dass nicht einmal die eines ganzen Menschenlebens zugleich auch seine innerste Wahrheit bedeutet.“

„Und kein Traum“, seufzte er leise, „ist völlig Traum.“

Sie nahm seinen Kopf in beide Hände und bettete ihn innig an ihre Brust. „Nun sind wir wohl erwacht“, sagte sie – „für lange.“

Für immer, wollte er hinzufügen, aber noch ehe er die Worte ausgesprochen, legte sie ihm einen

Finger auf die Lippen und, wie vor sich hin, flüsterte sie: „Niemals in die Zukunft fragen.“

So lagen sie beide schweigend, beide wohl auch ein wenig schlummernd und einander traumlos nah – bis es wie jeden Morgen um sieben Uhr an die Zimmertür klopfte und mit den gewohnten Geräuschen von der Straße her, einem sieghaften Lichtstrahl durch den Vorhangspalt und einem hellen Kinderlachen von nebenan der neue Tag begann.

Arthur Schnitzler

Arthur Schnitzler, ein genauer Beobachter der Wiener Gesellschaft des frühen 20. Jahrhunderts, erzählt in diesem letzten Kapitel seiner „Traumnovelle“, wie sich ein junges Ehepaar nach einer existenziellen Krise wiederfindet und gestärkt daraus hervorgeht. Vorangegangen war das gegenseitige Geständnis, in der Ehe unzufrieden zu sein und erotische Fantasien zu hegen. Fridolin fühlt sich von seiner Frau verraten und versucht daraufhin, seine Wünsche und Begierden nun in die Tat umzusetzen, unter anderem auf einem geheimnisvollen Maskenball, was ihm allerdings nicht gelingt. Als er nach Hause zurückkehrt, erzählt er seiner Frau von seinen Erlebnissen der letzten beiden Tage. Sie macht ihm keine Vorwürfe, und die beiden entscheiden sich stillschweigend, aber sehr bewusst für das weitere gemeinsame Zusammenleben. Eine für

Arthur Schnitzler ungewöhnliche Wendung, da seine sonstigen Texte immer in Resignation, mit dem Ende einer Beziehung oder dem Scheitern einer Figur enden.

Liebstes, bestes Weibchen!

Dresden, den 13. April 1789,
um 7 Uhr früh

Liebstes, bestes Weibchen!

Liebstes Weibchen, hätte ich doch auch schon einen Brief von dir! Wenn ich dir alles erzählen wollte, was ich mit deinem lieben Portrait anfange, würdest du wohl oft lachen – zum Beispiel, wenn ich es aus seinem Arrest herausnehme und sage: „Grüß dich Gott, Stanzerl! Grüß dich Gott, Spitzbub – Krallerballer, Spitzignas – Bagatellerl – schluck und druck!" Und wenn ich es wieder hineintue, so lasse ich es nach und nach hineinrutschen, und sage immer Nu-Nu-Nu-Nu!, aber mit dem gewissen Nachdruck, den dieses so viel bedeutende Wort erfordert und bei dem letzten schnell: Gute Nacht, Mauserl, schlaf gesund! … Nun glaube ich so ziemlich was Dummes (für die Welt wenigstens) hingeschrieben zu haben, für uns aber, die wir uns so innig lieben, ist es gerade nicht dumm. Heute ist der sechste Tag, dass ich von dir weg bin, und bei Gott, mir scheint es schon ein Jahr zu sein. – Du wirst wohl oft Mühe haben, meinen Brief zu lesen, weil ich in Eile und folglich etwas schlecht schreibe. – Adieu, liebe einzige … der Wagen ist da … lebe wohl und liebe mich ewig, so wie ich dich, ich küsse dich millionenmal auf das Zärtlichste und bin ewig

dein dich zärtlich liebender Gatte
W. A. Mozart

P.S. Wie führt sich unser Carl auf? Ich hoffe gut – küsse ihn statt meiner. An Herrn und Frau von Puchberg alles Schöne. N.B. Du musst in deinen Briefen nicht das Maß nach den meinigen nehmen; bei mir fallen sie nur deswegen etwas kurz aus, weil ich pressiert bin, sonst würde ich einen ganzen Bogen nehmen – Du aber hast mehr Muße. Adieu …

Mit 26 Jahren heiratet Mozart die Sängerin Konstanze Weber. Sie sind sich in ihrem Wesen sehr ähnlich – fröhlich und stürmisch –, und ihre neunjährige Ehe verliert nie an Leidenschaft und Zuneigung. Konstanze lebt über ihre Verhältnisse, sodass das Paar schon bald hoch verschuldet ist und in großer Armut leben muss. Doch Mozart, der sich aus dem Materiellen wenig macht, nimmt ihr das nie übel.

Bis zum Äußersten gehen

Nun steckt aber in jedem Fall, auch im alltäglichsten von Liebe, der Grenzfall, den wir, bei näherem Zusehen, erblicken können und vielleicht uns bemühen sollten, zu erblicken. Denn bei allem, was wir tun, denken und fühlen, möchten wir manchmal bis zum Äußersten gehen. Der Wunsch wird in uns wach, die Grenzen zu überschreiten, die uns gesetzt sind. Nicht um mich zu widerrufen, sondern um es deutlicher zu ergänzen, möchte ich sagen: Es ist auch mir gewiss, dass wir in der Ordnung bleiben müssen, dass es den Austritt aus der Gesellschaft nicht gibt und wir uns aneinander prüfen müssen. Innerhalb der Grenzen aber haben wir den Blick gerichtet auf das Vollkommene, das Unmögliche, Unerreichbare, sei es der Liebe, der Freiheit oder jeder reinen Größe. Im Widerspiel des Unmöglichen mit dem Möglichen erweitern wir unsere Möglichkeiten.

Ingeborg Bachmann

„Nur wer die Sehnsucht kennt, weiß, was ich leide!" – vom Sehnen und Begehren

Dieselbe

Nur wer die Sehnsucht kennt
Weiß, was ich leide!
Allein und abgetrennt
Von aller Freude,
Seh ich ans Firmament
Nach jener Seite.
Ach! der mich liebt und kennt,
Ist in der Weite.
Es schwindelt mir, es brennt
Mein Eingeweide.
Nur wer die Sehnsucht kennt,
Weiß, was ich leide!

Johann Wolfgang von Goethe

Ich brauche Sie wie einen Bissen Brot

Paris, 1. September 1757
Donnerstag um Mitternacht

Ich bin in der größten Unruhe, mein lieber Casanova, nichts mehr von Ihnen zu hören; was ist aus Ihnen geworden? Wo sind Sie? Haben Sie uns vergessen? Lieben Sie Ihre arme kleine B... nicht mehr? Oh Gott, wie beunruhigt ich bin! Ich hatte Sie in meinem letzten Brief gebeten, mir so bald als möglich zu schreiben, warum haben Sie es nicht getan? Haben Sie meinen Brief nicht erhalten? Oh, mein lieber Freund, hellen Sie diese Zweifel auf, oder ich sterbe. Ich hoffe, dass Sie diesen Brief empfangen werden. Ich schicke ihn Ihnen nach Dünkirchen, wo Sie, wie Sie mir sagten, sein sollen, und ich werde Ihnen mitteilen, dass ich das Mittel gefunden habe, Ihre Nachrichten direkt zu erhalten. Mein lieber Casanova, Sie müssen Ihre Briefe in einem Kuvert an die Obert richten; Sie können sich auf sie verlassen, da auch ich ihrer sicher bin. Wenn Sie mich lieben, so geben Sie mir so schnell als möglich Nachrichten von Ihnen; sie werden mir das Leben zurückgeben, und ich brauche Sie wie einen Bissen Brot. (...) Sie werden mir auch sagen, mein lieber Casanova, ob Sie mich immer lieben, ob Sie auch so oft an mich denken, wie ich an Sie denke. Ach, ich glaube, dass das gar nicht möglich ist; denn Sie verlassen nicht einen Augenblick mein Gedächtnis, ich sehne Sie immer herbei und sehe nur die Stunde, wo ich Sie wieder erblicken und Ihnen versichern kann, dass ich immer dieselbe bin und für Sie sein werde. Wie lang mir die Zeit erscheint! Wie mir die Abende langweilig und widerlich vorkommen! Welcher Unterschied zwischen jenen, die ich mit Ihnen verbrachte, oh mein lieber Casanova, die schienen mir immer zu kurz, und die jetzigen dünken mich eine Ewigkeit. Wann werden Sie zurückkommen? Beschleunigen Sie diesen Augenblick, wenn Sie für mich immer noch diese Zärtlichkeit hegen, die Sie mir geschworen haben und die mein Glück bilden wird …

Manon Balletti an Giacomo Casanova

17 Jahre war Manon alt, als sie mit dem 32-jährigen Casanova eine Beziehung begann, die drei Jahre halten sollte. In dieser Zeit schrieb Manon Casanova 42 Briefe voller Liebe und Leidenschaft, aber auch voller Misstrauen, denn sie wusste um die Untreue dieses Mannes. Als sie ihn mithilfe von Diamantenohrringen aus dem Gefängnis freikaufte, wo er wegen Schulden einsaß, löste sie ihre Beziehung und heiratete einen anderen. Manon Balletti starb mit nur 36 Jahren in Paris.

Jorinde und Joringel

Es war einmal ein altes Schloss in einem dunklen Wald, darin wohnte eine Zauberin. Tagsüber verwandelte sie sich in eine Katze oder eine Eule, des Nachts aber nahm sie wieder Menschengestalt an. Jedes Mädchen, das dem Schloss zu nahe kam, verwandelte die Alte in einen Vogel und sperrte ihn in einen Käfig. Sie hatte schon siebentausend davon.

Nun kamen einmal ein Junge und ein Mädchen in den Wald, um darin zu spazieren. Sie hießen Joringel und Jorinde und hatten sich sehr lieb. Es war ein schöner Tag, die Sonne drang durchs Dickicht und auf den Maibuchen sang eine Turteltaube. Doch ehe sie's versahen, hatten sie sich verlaufen und standen vor der Mauer des Zauberschlosses. Da war Jorinde in eine Nachtigall verwandelt und sang „ziküth, ziküth“. Die Zauberin fing sie ein und trug sie in einem Käfig davon. Joringel aber konnte sich nicht mehr regen, bis die Alte ihn von dem Zauber erlöste. Da bat er sie um Jorinde, doch sie lachte und sagte, dass er sie nie wiedersähe. Joringel weinte und klagte, doch es half alles nichts, und er zog davon. So vergingen viele Jahre, doch Joringel konnte seine Jorinde nicht vergessen und trug schwer an seinem unglücklichen Herz. Da träumte ihm, er fände eine blutrote Blume mit einer Perle in der Mitte. Und alles, was er mit der Blume berührte, wurde vom Zauber frei. Kaum wurde es

Morgen, machte sich Joringel auf die Suche nach der blutroten Blume. Und tatsächlich, am neunten Tage fand er sie. Er ging damit zum Schloss und berührte das Tor mit der Blüte, das sogleich aufsprang. Im Hof hörte er lautes Vogelgezwitscher, dem folgte er nach. Er kam in einen Saal, wo die Zauberin die Vögel in den siebentausend Körben fütterte. Als sie Joringel sah, spie sie Gift und Galle und versuchte, mit einem Korb zu entfliehen. Doch Joringel berührte die Alte mit der Blume, dass sie nicht mehr zaubern konnte, und alsdann den Käfig. Die Nachtigall darin verwandelte sich in Jorinde und war so schön wie zuvor. So erlöste Joringel auch die siebentausend anderen Mädchen und ging mit seiner Jorinde nach Hause, wo sie noch lange und glücklich lebten.

Brüder Grimm, nacherzählt von Stefanie Proske

Die Schlucht

Ein junger Mann und ein Mädchen folgten ihrem Weg, ein jeder dem seinigen. An einem bestimmten Punkt aber trafen die zwei Wege aufeinander, und der Junge und das Mädchen liefen von nun gemeinsam weiter.

Der Junge trug einen Kupferkessel auf seinem Rücken. In der Hand hatte er ein lebendes Huhn und einen Stock, während er an der anderen Hand eine Ziege führte. Nach einer Weile kamen sie an eine Bergschlucht. Da blieb das Mädchen stehen und sagte: „Durch diese Schlucht gehe ich nicht mit dir.“

„Warum nicht?“, wollte der Junge wissen.

„Du könntest mich dort umarmen und küssen“, antwortete sie.

„Wie soll ich dich denn umarmen und küssen? Ich habe einen Kupferkessel auf dem Rücken, an der einen Hand habe ich eine Ziege und in der anderen Hand ein lebendes Huhn und einen Stock.“

Aber das Mädchen beharrte auf seiner Meinung: „Du könntest mich die Ziege halten lassen, danach den Stock in den Boden stecken, das Huhn auf den Boden setzen und den Kessel darüberstülpen, und dann könntest du mich umarmen und küssen.“ Lange starrte der Junge das schöne, nette Mädchen an. Endlich sagte er: „Allah segne deine Weisheit.“ Worauf sie gemeinsam durch die Schlucht gingen.

Arabische Liebesgeschichte

Was der Dichter am Abend sah

Der südliche Julitag sank glühend hinab, die Berge schwammen im blauen Sommerdunst mit rosigen Gipfeln, im Gefilde kochte schwül das schwere Wachstum, strotzend stand der hohe fette Mais, in vielen Kornfeldern war das Korn schon geschnitten, in den lauen, mehlig satten Staubgeruch der Landstraßen flossen aus Feldern und Gärten süß und überreif die vielen Blumendüfte. Im dicken Grün hielt die Erde noch die Tageswärme zurück, die Dörfer strahlten aus goldenen Giebeln warmen Nachglanz in die beginnende Dämmerung.

Von einem Dorfe zum anderen ging auf der heißen Straße ein Liebespaar, ging langsam und ziellos, den Abschied verzögernd, manchmal lose Hand in Hand, manchmal umschlungen, Schulter an Schulter. Schön und schwebend gingen sie, in leichten Sommerkleidern schimmernd, auf weißen Schuhen, barhaupt, gezogen von Liebe, im leisen Abendfieber, das Mädchen mit weißem Gesicht und Halse, der Mann braun verbrannt, beide schlank und aufrecht, beide schön, beide im Gefühl der Stunde eins geworden und wie aus einem Herzen genährt und getrieben, beide noch tief verschieden und weit voneinander. Es war die Stunde, in der eine Kameradschaft zur Liebe und ein Spiel zum Schicksal werden wollte. Beide lächelten sie, und waren beide ernst bis fast zur Traurigkeit.

Kein Mensch ging zu dieser Stunde die Straße zwischen den beiden Dörfern, die Feldarbeiter hatten schon Feierabend. Nahe einem Landhaus, das hell durch die Bäume schien, als stünde es noch in der Sonne, blieben die Liebenden stehen und umarmten sich. Sanft führte der Mann das Mädchen zum Rand der Straße, da lief eine niedere Mauer hin, auf die setzten sie sich, um noch beisammen zu bleiben, um nicht ins Dorf und zu Menschen zu müssen, um nicht den Rest des gemeinsamen Weges schon zu verbrauchen. Still saßen sie auf der Mauer, in Nelken und Steinbrech, Reblaub über sich. Durch Staub und Duft kamen Töne vom Dorf her, Kinderspiel, Ruf einer Mutter, Männergelächter, ein altes Klavier fern und schüchtern. Stille saßen sie, lehnten aneinander, sprachen nicht, fühlten gemeinsam Laub über sich dunkeln, Düfte um sich irren, warme Luft in erster Ahnung von Tau und Kühle schauern.

Das Mädchen war jung, war sehr jung und schön, schlank und herrlich kam aus dem leichten Kleide der hohe lichte Hals, schlank und lang aus weiten kurzen Ärmeln die hellen Arme und Hände. Sie liebte ihren Freund, sie glaubte ihn sehr zu lieben. Sie wusste viel von ihm, sie kannte ihn so gut, sie waren lange Zeit Freunde gewesen. Oft hatten sie, einen Augenblick lang, sich auch ihrer Schönheit und ihres Geschlechts erinnert, hatten einen Händedruck zärtlich verzögert, hatten sich kurz und spielend geküsst. Er war ihr Freund gewesen, auch ein wenig Ratgeber und Vertrauter, der Ältere, Wissendere, und nur manchmal, für Augenblicke, war ein schwaches Wetterleuchten über den Himmel ihrer Freundschaft gezuckt, kurze holde Erinnerung, dass zwischen ihnen nicht bloß Vertrauen und Kameradschaft bestand, dass auch Eitelkeit, auch Machtbegierde, auch süße Feindschaft und Anziehung der Geschlechter spielte. Nun wollte das reif werden, nun brannte dies andere auf.

Schön war auch der Mann, doch ohne die Jugend und innige Blüte des Mädchens. Er war viel älter als sie, er hatte Liebe und Schicksal gekostet, Schiffbruch und neue Ausfahrt erlebt. Streng stand Nachdenken und Selbstbewusstsein in seinem magern braunen Gesicht geschrieben, Schicksal in Stirn und Wangen gefaltet. An diesem Abend aber blickte er sanft und hingegeben. Seine Hand spielte mit der Mädchenhand, lief leise und schonend über Arm und Nacken, über Schultern und Brust der Freundin, kleine spielende Wege der Zärtlichkeit. Und während ihr Mund ihm aus dem stillen dämmernden Abendgesicht entgegenkam, innig und wartend wie eine Blume, während Zärtlichkeit in ihm aufwallte und aufsteigender Hunger der Leidenschaft, dachte er doch immerzu daran und wusste davon, dass viele andere Geliebte ebenso mit ihm durch Sommerabende gegangen waren, dass auf anderen Armen, auf anderen Haaren, um andre Schultern und Hüften seine Finger dieselben zarten Wege gegangen waren, dass er Gelerntes übte, dass er Erlebtes wiederholte, dass für ihn das ganze strömende Gefühl dieser Stunde etwas anderes war als für das Mädchen, etwas Schönes und Liebes, aber nicht mehr Neues, nicht mehr Unerhörtes, nicht mehr Erstes und Heiliges.

Auch diesen Trank kann ich schlürfen, dachte er, auch er ist süß, auch er ist wunderbar, und ich kann diese junge Blüte vielleicht besser lieben, wissender, schonender, feiner als ein junger Bursch es könnte, als ich selber es vor zehn, vor 15 Jahren gekonnt hätte. Ich kann sie zarter, klüger, freundlicher über die Schwelle der ersten Erfahrung heben als irgendein andrer, ich kann diesen holden edlen Wein edler und dankbarer kosten als irgendein Junger. Aber ich kann ihr nicht verbergen, dass nach dem Rausch die Sattheit kommt, ich kann ihr nicht über den ersten Rausch hinaus einen Liebenden vorspielen, wie sie ihn träumt, einen nie Ernüchterten. Ich werde sie zittern und weinen sehen und werde kühl und heimlich ungeduldig sein. Ich werde mich vor dem Augenblick fürchten, fürchte mich jetzt schon vor dem Augenblick, da sie mit erwachenden Augen die Ernüchterung kosten muss, da ihr Gesicht keine Blume mehr sein und im aufzuckenden Schreck über das verlorene Mädchentum sich verziehen wird.

Sie saßen schweigend auf der Mauer im blühenden Gekräut, aneinander geschmiegt, hin und wieder von Wollust überschauert und enger aneinander getrieben. Sie sprachen nur selten ein Wort, ein lallendes, kindisches Wort: Lieber – Schatz – Kind – hast du mich lieb?

Da kam aus dem Landhause, dessen Schein im Laubdunkel nun doch zu erblassen begann, ein Kind gegangen, ein kleines Mädchen, vielleicht zehn Jahre alt, barfuß, auf schlanken bräunlichen Beinen, im kurzen dunklen Kleid, mit dunklem langen Haar überm bleichbräunlichen Gesicht. Spielend kam sie daher, unschlüssig, etwas verlegen, ein Springseil in der Hand, lautlos liefen die kleinen Füße über die Straße. Sie kam spielerisch daher, schrittwechselnd, gegen den Ort, wo die Liebenden saßen. Sie ging langsamer, als sie zu ihnen kam, als ginge sie ungern vorüber, als zöge etwas hier sie an, wie einen Abendfalter die Phloxblume anzieht. Leise sang sie ihren Gruß „buona sera“. Freundlich nickte das große Mädchen von der Mauer herüber, freundlich rief der Mann ihr zu: „Ciao, cara mia.“

Das Kind ging vorüber, langsam, ungern, und zögerte mehr und mehr, blieb nach fünfzig Schritten stehen, kehrte um, zögernd, kam wieder näher, ging nah an dem Liebespaar vorüber, blickte verlegen und lächelnd her, ging weiter, verschwand im Garten des Landhauses.

„Wie hübsch sie war!“, sagte der Mann.

Wenig Zeit verging, wenig hatte die Dämmerung sich vertieft, da kam das Kind von Neuem aus der Gartenpforte hervor. Es blieb einen Augenblick stehen, äugte heimlich die Straße entlang, erspähte die Mauer, das Reblaub, das Liebespaar. Dann begann das Kind zu rennen, lief in schnellem Trab auf nackten federnden Sohlen die Straße heran, am Paar vorbei, kehrte rennend um, lief bis zum Gartentor, machte eine Minute halt, und rannte nochmals und noch zweimal, dreimal ihren stillen einsamen Trab.

Schweigend sahen die Liebenden ihr zu, wie sie lief, wie sie umkehrte, wie der kurze dunkle Rock um die schlanken Kinderbeine schlug. Sie fühlten, dass dies Traben ihnen galt, dass ein Zauber von ihnen ausstrahlte, dass dies kleine Mädchen in seinem Kindertraum die Ahnung von Liebe und schweigendem Rausch des Gefühls empfinde.

Der Lauf des Mädchens wurde nun zu einem Tanz, schwebend kam sie näher, wiegend, schrittwechselnd. Einsam tanzte die kleine Gestalt im Abend auf der weißen Straße. Ihr Tanz war eine Huldigung, ihr kleiner Kindertanz war ein Lied und Gebet an die Zukunft, an die Liebe. Ernst und hingegeben vollzog sie ihr Opfer, schwebte her, schwebte davon, und verlor sich am Ende in den dunklen Garten zurück.

„Sie war von uns bezaubert“, sagte die Liebende. „Sie spürt Liebe.“

Der Freund schwieg. Er dachte: Vielleicht hat dies Kind in seinem kleinen Tanzrausch von der Liebe Schöneres und Volleres genossen, als es je erleben wird. Er dachte: Vielleicht haben auch wir beide von unsrer Liebe das Beste und Innigste nun schon genossen, und was noch kommen kann, ist schale Neige.

Er stand auf und hob seine Freundin von der Mauer.

„Du musst gehen“, sagte er, „es ist spät geworden. Ich begleite dich bis zum Kreuzweg.“

Eingeschlafen lag Landhaus und Garten, als sie am Tor vorübergingen. Granatblüten hingen übers Tor, noch in der einsinkenden Nacht klang hell ihr frohes Rot.

Umschlungen gingen sie bis zum Kreuzweg. Zum Abschied küssten sie sich heiß, rissen sich los, gingen auseinander, kehrten beide nochmals um, küssten sich nochmals, der Kuss gab kein Glück mehr, nur heißeren Durst. Das Mädchen begann rasch davonzugehen, lange sah er ihr nach. Und auch in diesem Augenblick stand Vergangenheit bei ihm, sah ihm Gewesenes in die Augen: andre Abschiede, andre nächtliche Küsse, andre Lippen, andre Namen. Traurigkeit überfiel ihn, langsam ging er seine Straße zurück, Sterne kamen über den Bäumen hervor.

In dieser Nacht, die er nicht schlief, kamen seine Gedanken zu dem Schluss:

Es ist nutzlos, Gewesenes zu wiederholen. Noch manche Frau könnte ich lieben, noch manches Jahr vielleicht ist mein Auge hell und meine Hand zärtlich, und mein Kuss den Frauen lieb. Dann muss Abschied genommen werden. Dann muss der Abschied, den ich heute freiwillig nehmen kann, in Niederlage und Verzweiflung genommen werden. Dann ist der Verzicht, der heut ein Sieg ist, nur noch schmählich. Darum muss ich heute schon verzichten, muss heut schon Abschied nehmen.

Viel habe ich heut gelernt, viel muss ich noch lernen. Von dem Kinde muss ich lernen, das uns mit seinem stillen Tanz entzückt hat. In ihm ist Liebe aufgeblüht, als es ein Liebespaar am Abend sah. Eine frühe Welle, eine bangschöne Vorahnung der Lust floss diesem Kind durchs Blut, und es begann zu tanzen, da es noch nicht lieben kann. So muss auch ich tanzen lernen, muss Lustbegierde in Musik verwandeln, Sinnlichkeit in Gebet. Dann werde ich immer lieben können, dann werde ich nie mehr Gewesenes unnütz wiederholen müssen. Diesen Weg will ich gehen.

Hermann Hesse

„Verweinen lasst die Nächte mich" – vom Scheitern der Liebe

Sachliche Romanze

Als sie einander acht Jahre kannten
(und man darf sagen: sie kannten sich gut),
kam ihre Liebe plötzlich abhanden.
Wie anderen Leuten ein Stock oder Hut.
Sie waren traurig, betrugen sich heiter,
versuchten Küsse, als ob nichts sei,
und sahen sich an und wussten nicht weiter.
Da weinte sie schließlich. Und er stand dabei.

Vom Fenster aus konnte man Schiffen winken.
Er sagte, es wäre schon Viertel nach Vier
Und Zeit, irgendwo Kaffee zu trinken. –
Nebenan übte ein Mensch Klavier.

Sie gingen ins kleinste Café am Ort
Und rührten in ihren Tassen.
Am Abend saßen sie immer noch dort.
Sie saßen allein, und sie sprachen kein Wort
Und konnten es einfach nicht fassen.

Erich Kästner

Die Liebe war nicht geringe

Die Liebe war nicht geringe
Sie wurden ordentlich blass;
Sie sagten sich tausend Dinge
Und wussten noch immer was.

Sie mussten sich lange quälen,
Doch schließlich kam's dazu,
Dass sie sich konnten vermählen.
Jetzt haben die Seelen Ruh.

Bei eines Strumpfes Bereitung
Sitzt sie im Morgenhabit;
Er liest in der Kölnischen Zeitung
Und teilt ihr das Nötige mit.

Wilhelm Busch

Die perfekte Frau

Einige Schüler suchten ihren Lehrer auf und fragten: „Meister, warum hast du nie geheiratet?“

Der Meister überlegte kurz und antwortete:

„An mir lag es nicht. Ich hatte mir vorgenommen, die perfekte Frau zu finden und sie zu heiraten. Sie sollte schön, intelligent und lieb sein. So habe ich viele Jahre damit verbracht, eine solche Frau zu suchen.“

„Und hast du sie gefunden?“, wollte ein Schüler voreilig wissen.

„Ja, ich habe sie tatsächlich gefunden. Sie war perfekt, und ich war so glücklich!“

„Und warum hast du sie dann nicht geheiratet?“

Der Meister seufzte:

„Das wollte ich, doch sie suchte den perfekten Mann.“

Persische Geschichte

Das Sternenmädchen

Es war einmal ein Mann, der hatte viele Kühe, die gaben ihm gute Milch. Eines Morgens aber hatte keine der Kühe mehr einen Tropfen Milch, und so war es auch am nächsten und am übernächsten Tag.

„Jemand muss sie heimlich melken“, dachte der Mann, verbarg sich hinter der Stalltür und wollte dem Milchdieb auflauern. Tief in der Nacht, als die Sterne am Himmel prangten, da senkte sich eine Strickleiter aus fein gewobenen Strahlen auf die Erde. Davon stiegen Mädchen herab, eins nach dem anderen, ein jedes schöner als das zuvor. Sie setzten sich zu den Kühen, lachten und sangen und molken das Vieh ohne Eimer. Da wurde der Mann sehr wütend und wollte sie fangen, doch die Mädchen waren zu flink und kletterten geschwind in den Himmel zurück. Nur eines konnte er an den Haaren packen, und das trug ein Körbchen im Arm. Das gefangene Sternenmädchen war so schön, dass der Mann all seinen Zorn vergaß und fragte, ob es nicht seine Frau werden wolle. „Das will ich wohl“, antwortete das zarte Wesen. „Nur darfst du niemals in mein Körbchen sehen.“ Das versprach der Mann, und das Sternenmädchen wurde seine Frau. So lebten sie viele Monate glücklich und unbeschwert. Eines Tages, als das Sternenmädchen nicht zuhause war, da hob der Mann den Deckel des Körbchens an und sah hinein. Der Korb aber war leer! Bald darauf kam seine Frau nach Hause und sah ihn mit großen, traurigen Augen an.

„Dummes Ding. In deinem Körbchen ist doch gar nichts drinnen.“

Das Sternenmädchen antwortete nicht, sondern ging davon. Der Mann hat sie seitdem nie wiedergesehen. Sie war in den Himmel zurückgekehrt. In ihrem Körbchen aber hatte sie die schönsten Dinge, die es im Himmel gibt, für sich und ihren Mann aufbewahrt. Er jedoch hatte diese Schätze nicht sehen können. Manchen bleiben die schönsten Dinge verborgen. Bei einem solchen Menschen kann ein Sternenmädchen aber nicht bleiben.

Afrikanisches Märchen

Wie hast du mich verlassen können?

14. September 1790

Wie hast du mich verlassen können? Wie dich trennen von deinem eigenen Leben? Lebst du noch, Bill, oder ist dein Herz in die tote Erstarrung des meinen versunken? Weh, ich habe dich und mich betrogen. Ich habe auf Kräfte gerechnet, die der letzte Hauch deines Mundes verweht, dein letzter Kuss vernichtet hat. Ich habe dich aus meinen Armen gelassen – mein eigen Dasein hab ich mir entwandt! – oh Bill, Bill, komm zurück – ich trag es nicht – du weißt ja, dass mein Herz viel tragen kann, aber dies – ach verzeih, verzeih, meine Sinne sind verwirrt, meine Seele ist mir entrissen – diese Dumpfheit – mir ist, als fühlt ich mich langsam vernichten. – Ich kann nicht weinen. Meine Augen sind trocken und brennen fürchterlich. Wie sie sich nicht mehr sahen, versiegten auch die lindernden Tränen. –

Caroline von Dacheröden an Wilhelm von Humboldt

Dieser Abschiedsbrief war kein endgültiger. Caroline von Dacheröden heiratete Wilhelm von Humboldt ein Jahr später, im Juni 1791. Sie sollte fast dreißig Jahre lang, bis zu ihrem Tod 1829, mit dem preußischen Bildungsreformer, Sprachwissenschaftler und Gesandten verheiratet sein. Aus der Verbindung gingen acht Kinder hervor. Die Ehe war ge-

prägt von tiefer Zuneigung, lebhaftem geistigen Austausch und großer Freiheit: Sie hatten eine Abmachung getroffen und wollten die Affären des jeweils anderen akzeptieren. In den meisten Fällen berichteten sie sich auch davon.

Geschichte einer kleinen Liebe

Still wirds im Herbst, unheimlich still. Es ist alles beim Alten geblieben, nichts scheint sich verändert zu haben. Weder das Moor noch das Ackerland, weder die Tannen dort auf den Hügeln noch der See. Nichts. Nur, dass der Sommer vorbei. Ende Oktober. Und bereits spät am Nachmittag.

In der Ferne heult ein Hund, und die Erde duftet nach aufgeweichtem Laub. Es hat lange geregnet während der letzten Wochen, nun wird es bald schneien. Fort ist die Sonne, und die Dämmerung schlürft über den harten Boden, es raschelt in den Stoppeln, als schliche wer umher. Und mit den Nebeln kommt die Vergangenheit. Ich sehe Euch wieder, Ihr Berge, Bäume, Straßen – wir sehen uns alle wieder!

Auch wir zwei, du und ich. Dein helles Sommerkleidchen strahlt in der Sonne fröhlich und übermütig, als hättest du nichts darunter an. Die Saat wogt, die Erde atmet. Und schwül wars, erinnerst du dich? Die Luft summte, wie ein Heer unsichtbarer Insekten. Im Westen drohte ein Wetter, und wir weit vom Dorfe auf schmalem Steig, quer durch das Korn, du vor mir – – – – Doch, was geht das Euch an?! Jawohl, Euch, liebe Leser! Warum soll ich das erzählen? Tut doch nicht so! Wie könnte es Euch denn interessieren, ob zwei Menschen im Kornfeld verschwanden! Und dann gehts Euch auch gar nichts an! Ihr habt andere Sorgen, als Euch um fremde Liebe – – und dann war es ja überhaupt keine Liebe! Der Tatbestand war einfach der, dass ich jene junge Frau begehrte, besitzen wollte. Irgendwelche „seelische“ Bande habe ich dabei weiß Gott nicht verspürt! Und sie? Nun, sie scheint so etwas wie Vertrauen zu mir gefasst zu haben. Sie erzählte mir viele Geschichten, bunte und graue, aus Büro, Kino und Kindheit, und was es eben dergleichen in jedem Leben noch gibt. Aber all das langweilte mich, und ich habe des Öfteren gewünscht, sie wäre taubstumm. Ich war ein verrohter Bursche, eitel auf schurkische Leere.

Einmal blieb sie ruckartig stehen:

„Du“, und ihre Stimme klang scheu und verwundet. „Warum lässt du mich denn nicht in Ruh? Du liebst mich doch gar nicht, und es gibt ja so viele schönere Frauen.“

„Du gefällst mir eben“, antwortete ich, und meine Gemeinheit gefiel mir über alle Maßen. Wie gerne hätte ich diese Worte noch einige Male wiederholt!

Sie senkte das Haupt. Ich tat gelangweilt, kniff ein Auge etwas zu und betrachtete die Form ihres Kopfes. Ihre Haare waren braun, ein ganz gewöhnliches Braun. Sie trug es in die Stirn gekämmt, so wie sie es den berühmten Weibern abgeguckt hatte, die für Friseure Reklame trommeln. Ja, freilich gibt es Frauen, die bedeutend schöneres Haar haben und auch sonst – – Aber ach was! Es ist doch immer dasselbe! Ob das Haar dunkler oder heller, Stirn frei oder nicht – –

„Du bist ein armer Teufel", sagte sie plötzlich wie zu sich selbst. Sah mich groß an und gab mir einen leisen Kuss. Und ging. Die Schultern etwas hochgezogen, das Kleid verknüllt – –

Ich lief ihr nach, so zehn Schritte, und hielt.

Machte kehrt und sah mich nicht mehr um.

Zehn Schritte lang lebte unsere Liebe, flammte auf, um sogleich wieder zu verlöschen. Es war keine Liebe bis über das Grab, wie etwa Romeo und Julia. Nur zehn Schritte. Aber in jenem Augenblick leuchtete die kleine Liebe, innig und geläutert, in märchenhafter Pracht.

Ödön von Horváth

Abschied

Wir waren in jener grässlichen Stimmung, wo man schon lange Abschied genommen hat, sich aber noch nicht zu trennen vermag, weil der Zug noch nicht abgefahren ist. Die Bahnhofshalle war wie alle Bahnhofshallen schmutzig und zugig, erfüllt von dem Dunst der Abdämpfe und von Lärm, Lärm von Stimmen und Wagen.

Charlotte stand am Fenster des langen Flurs, und sie wurde dauernd von hinten gestoßen und beiseite gedrängt, und es wurde viel über sie geflucht, aber wir konnten uns doch diese letzten Minuten, diese kostbarsten letzten gemeinsamen unseres Lebens, nicht durch Winkzeichen aus einem überfüllten Abteil heraus verständigen …

„Nett“, sagte sie schon zum dritten Mal, „wirklich nett, dass du bei mir vorbeigekommen bist.“

„Ich bitte dich, wo wir uns schon so lange kennen. Fünfzehn Jahre.“

„Ja, ja, wir sind jetzt dreißig, immerhin … kein Grund …“

„Hör auf, ich bitte dich. Ja, wir sind jetzt dreißig. So alt wie die russische Revolution …“

„So alt wie der Dreck und der Hunger …“

„So alt … so alt wie der Krieg …“

„Ein bisschen jünger …“

„Du hast recht, wir sind furchtbar jung.“ Sie lachte.

„Sagtest du etwas?“, fragte sie nervös, denn sie war von hinten mit einem schweren Koffer gestoßen worden …

„Nein, es war mein Bein.“

„Du musst was dran tun.“

„Ja, ich tu was dran, es redet wirklich zu viel …“

„Kannst du überhaupt noch stehen?“

„Ja …“, und ich wollte ihr eigentlich sagen, dass ich sie liebte, aber ich kam nicht dazu, schon seit fünfzehn Jahren …

„Was?“

„Nichts … Schweden, du fährst also nach Schweden …“

„Ja, ich schäme mich ein bisschen … eigentlich gehört das doch zu unserem Leben, Dreck und Lumpen und Trümmer, und ich schäme mich ein bisschen. Ich komme mir scheußlich vor …“

„Unsinn, du gehörst doch dahin, freu dich auf Schweden …“

„Manchmal freu ich mich auch, weißt du, das Essen, das muss herrlich sein, und nichts, gar nichts kaputt. Er schreibt ganz begeistert ...“

Die Stimme, die immer sagt, wann die Züge abfahren, erklang jetzt einen Bahnsteig näher, aber es war noch nicht unser Bahnsteig. Die Stimme kündigte nur einen internationalen Zug von Rotterdam nach Basel an, und während ich Charlottes kleines, zartes Gesicht betrachtete, kam der Geruch von

Seife und Kaffee mir in den Sinn, und ich fühlte mich scheußlich elend.

Einen Augenblick lang fühlte ich den verzweifelten Mut, diese kleine Person einfach aus dem Fenster zu zerren und hier zu behalten, sie gehörte mir doch, ich liebte sie ja ...

„Was ist?“

„Nichts“, sagte ich, „freu dich auf Schweden ...“

„Ja. Er hat eine tolle Energie, findest du nicht. Drei Jahre gefangen in Russland, abenteuerliche Flucht, und jetzt liest er da schon über Rubens.“

„Toll, wirklich toll ...“

„Du musst auch was tun, promovier doch wenigstens ...“

„Halt die Schnauze!“

„Was?“, fragte sie entsetzt. „Was?“ Sie war ganz bleich geworden.

„Verzeih“, flüsterte ich, „ich meine nur das Bein, ich rede manchmal mit ihm ...“

Sie sah absolut nicht nach Rubens aus, sie sah eher nach Picasso aus, und ich fragte mich dauernd, warum er sie bloß geheiratet haben mochte, sie war nicht einmal hübsch, und ich liebte sie.

Auf dem Bahnsteig war es ruhiger geworden, alle waren untergebracht, und nur noch ein paar Abschiedsleute standen herum. Jeden Augenblick würde die Stimme sagen, dass der Zug abfahren soll. Jeder Augenblick konnte der letzte sein ...

„Du musst doch etwas tun, irgendetwas tun, es geht so nicht.“

„Nein“, sagte ich.

Sie war das Gegenteil von Rubens: schlank, hochbeinig, nervös, und sie war so alt wie die russische Revolution, so alt wie der Hunger und der Dreck in Europa und der Krieg …

„Ich kann's gar nicht glauben … Schweden … es ist wie ein Traum.“

„Es ist ja alles wie ein Traum.“

„Meinst du?“

„Gewiss. Fünfzehn Jahre. Dreißig Jahre … Noch dreißig Jahre. Warum promovieren, lohnt sich nicht. Sei still, verdammt!“

„Redest du mit dem Bein?“

„Ja.“

„Was sagt es denn?“

„Horch.“

Wir waren ganz still und blickten uns an und lächelten, und wir sagten es uns, ohne ein Wort zu sprechen.

Sie lächelte mir zu: „Verstehst du jetzt, ist es gut?“

„Ja … ja.“

„Wirklich?“

„Ja, ja.“

„Siehst du“, fuhr sie leise fort, „das ist es ja gar nicht, dass man zusammen ist und alles. Das ist es ja gar nicht, nicht wahr?“

Die Stimme, die sagt, dass die Züge abfahren, war jetzt ganz genau über mir, amtlich und sauber, und ich zuckte zusammen, als schwinge sich eine große, graue, behördliche Peitsche durch die Halle.

„Auf Wiedersehen!“

„Auf Wiedersehen!“

Ganz langsam fuhr der Zug an und entfernte sich im Dunkel der großen Halle …

Heinrich Böll

Das Liebesgespenst

Das Liebesgespenst übt sein Gewerbe im Umherziehen aus. Es hat stets alte Fotografien bei sich und kann ein schönes Lied singen: „Ja – hättest du damals!“ Dann werden Liebende leicht nachdenklich. Das Liebesgespenst hat kein Geschlecht, bewegt sich in Frauenröcken wie in Herrenfräcken und wirft auf weiße Vorhänge mit einer kleinen Laterna magica bunte Bilder: Sieh, wie hübsch Arthur ist! Was hältst du von Helene –? Das Liebesgespenst hat ein Salzbüchschen, damit streut es den Liebenden Salz ins Herz. Es verändert Frisuren, lässt Bartstoppeln wachsen, verdirbt manchmal mit einer künstlich erzeugten Sommersprosse ganze Ehen und ist an sämtlichen Überraschungen („Himmel, mein Mann!“) schuld. Das Liebesgespenst gespenstert durch Bälle, auf Tanzdielen, durch Schlafzimmer und Salons – es macht Männer zur Unzeit korpulent und Frauen unvorteilhaft dünn. Es hat noch nie Liebende zueinander und zusammengebracht – es ist ein Gegner der Liebe. Manchmal bringt es aber doch ein Paar zusammen – das ist dann aber auch danach. Liebesgespenster sind Optiker – sie setzen den in Mitleidenschaft gezogenen Parteien Brillen auf, schwarze, rosenrote, gebatikte ...

Das Liebesgespenst kommt in allen Weltteilen wild vor.

Das Liebesgespenst gaukelt dem Verliebten das Mädchen vor, betörend. Hat er sie, dreht es eine Lampe auf – entzaubert, enttäuscht, melancholisch sieht der Düpierte, was er sich da eingekauft hat. Dann geht ein trockenes Rascheln durchs Zimmer. Das Gespenst hat gelacht. „Was war das?“, haucht die verliebte Braut. „Nichts – meine Hosenträger!“, sagt der Bräutigam.

Kurt Tucholsky

„An jenem Tag im blauen Mond September" – vom Erinnern und Wiederfinden

Ich hab dich so lieb

Ich hab dich so lieb!
Ich würde dir ohne Bedenken
Eine Kachel aus meinem Ofen
Schenken.

Ich hab dir nichts getan.
Nun ist mir traurig zu Mut.
An den Hängen der Eisenbahn
Leuchtet der Ginster so gut.

Vorbei – verjährt –
Doch nimmer vergessen.
Ich reise.
Alles, was lange währt,
Ist leise.

Die Zeit entstellt
Alle Lebewesen.
Ein Hund bellt.
Er kann nicht lesen.
Er kann nicht schreiben.
Wir können nicht bleiben.

Ich lache.
Die Löcher sind die Hauptsache
An einem Sieb.

Ich habe dich so lieb.

Joachim Ringelnatz

Wo du auch seist

Nun, da die Frühlingsblumen wieder blühen,
In milder Luft die weißen Wolken ziehen,
Denk ich mit Wehmut deiner Lieb und Güte,
Du süßes Mädchen, das so früh verblühte.
Du liebtest nicht der Feste Lärm und Gaffen,
Erwähltest dir daheim ein stilles Schaffen,
Die Sorge und Geduld, das Dienen, Geben,
Ein innigliches Nurfüreinanderleben.
So teiltest du in deines Vaters Haus
Den Himmelsfrieden deiner Seele aus.
Bald aber kamen schwere, schwere Zeiten.
Wir mussten dir die Lagerstatt bereiten;
Wir sahn, wie deine lieben Wangen bleichten,
Sahn deiner Augen wundersames Leuchten;
Wir weinten in der Stille, denn wir wussten,
Dass wir nun bald auf ewig scheiden mussten.
Du klagtest nicht. Voll Milde und Erbarmen
Gedachtest du der bittern Not der Armen,

Gabst ihnen deine ganze kleine Habe
Und seufztest tief, dass so gering die Gabe.
Es war die letzte Nacht und nah das Ende;
Wir küssten dir die zarten weißen Hände;
Du sprachst, lebt wohl, in deiner stillen Weise,
Und: oh, die schönen Blumen! riefst du leise.
Dann war's vorbei. Die großen Augensterne,
Weit, unbeweglich, starrten in die Ferne,
Indes um deine Lippen, halbgeschlossen,
Ein kindlichernstes Lächeln ausgegossen.
So lagst du da, als hättest du entzückt
Und staunend eine neue Welt erblickt.
Wo bist du nun, du süßes Kind, geblieben?
Bist du ein Bild im Denken deiner Lieben?
Hast du die weißen Schwingen ausgebreitet
Und zogst hinauf von Engelshand geleitet
Zu jener Gottesstadt im Paradiese,
Wo auf der heiligstillen Blütenwiese
Fernher in feierlichem Zug die Frommen
Anbetend zu dem Bild des Lammes kommen?
Wo du auch seist; im Herzen bleibst du mein.
Was Gutes in mir lebt, dein ist's allein.

Wilhelm Busch

Drei Wünsche

Es war einmal ein Mann, der hatte eine gar hässliche Frau. Insgeheim wünschte er sich, dass sie schöner wäre, und eines Nachts hörte er eine Stimme, die sprach: „Du hast drei Wünsche frei. Dreimal darfst du bitten und dreimal wird es dir gewährt werden.“

Am nächsten Morgen erzählte der Mann seiner Frau von dem Traum. Da bat sie ihn, sich doch zu wünschen, dass sie schöner und ansehnlicher wäre. Der Mann war einverstanden und wünschte sich, dass seine Frau von nun an wunderschön sei. Noch im selben Augenblick war seine Frau so schön, dass es ihn blendete und er es nicht zu glauben vermochte. Er spazierte mit ihr durch die Stadt, und als sie am königlichen Palast vorbeikamen, da wurde der König auf die Schöne aufmerksam und bat sie herein.

Der Mann aber musste alleine nach Hause gehen und war darüber sehr unglücklich. Was, wenn der König sich schon in seine Frau verliebt hatte? Noch hatte er zwei Wünsche frei. Und da er keine andere Frau wollte als die seinige, da wünschte er sich, dass seine Liebste im Palast zu einem Äffchen würde. Denn in ein solches konnte sich der König unmöglich verlieben.

Als dem König gewahr wurde, dass ein Äffchen neben ihm zu Tische saß, da ließ er es aus dem

Schlosse jagen. Das Äffchen aber lief zur Hütte des Mannes und bat um seinen dritten und letzten Wunsch: „Kannst du mich nicht in die Frau zurückverwandeln lassen, die ich früher war?" Da dachte der Mann nach. So lange, wie er niemals zuvor nachgedacht hatte. Endlich hob er an und wünschte sich die Frau zurück, die er zu Anfang gehabt hatte, als sie ihm noch nicht hässlich erschienen war, sondern gut und lieb und teuer. Und so geschah es. Die Frau war so hässlich wie zuvor. Doch der Mann wusste nicht darum, denn so geht es, wenn man mit den Augen der Liebe sieht.

Afrikanisches Märchen

Man sprach von schönen Augen

Klopstock speiste des Mittags mit vieler unwürdiger Gesellschaft bei uns. Ich hatte mich sehr sorgfältig geputzt. … Ich hatte sogar deswegen eine Trauer mehr erleichtert, als ich eigentlich gesollt hatte. Wie ich fertig war, sagt man mir, Hr. Klopstock wäre gekommen. Ich wollte noch geschwinder sein, als ich schon von Natur bin, und zerriss darüber im Laufe die Garnitüre meines Kleides. Ich ward sehr böse. Es musste doch wieder genäht werden. Das war entsetzlich, dass die Magd so langsam war! Fort! Fort! Geschwind!, schrie ich bei jedem Stiche, den sie tat. Ich hätte beinahe geflucht, wenigstens stampfte ich mit dem Fuße. Es war glücklich fertig, und ich flog hinauf. … Nun machte ich die Tür auf, und sah – und sah gleich Klopstock. Er sah noch süßer aus als den vorigen Tag, und kam mit einer so sanften Freundlichkeit zu mir, die sich nicht beschreiben lässt. Nun sah ich erst die Übrigen der Gesellschaft … Ich sprach mit ihnen – und kam wieder zu Klopstock. … Wir gingen zu Tische. Klopstock führte mich, welches mir lieb war, obgleich mehr Gesellschaft da war. Ich bot Klopstock den obersten Platz an, wünschte aber sehr, dass er ihn nicht annehmen möchte. „Wo sitzen Sie?“, sagte er. „Ich sitze hier.“ „Ich sitze bei Ihnen.“ „So setze ein jeder sich, wie ihm gefällig“, sagte ich, denn nun hatte ich, was ich wollte. Klopstock sprach immer mit mir alleine. Die anderen nahmen es übel, ich nicht. Man sprach von schönen Augen. Klopstock sagte, er kenne die schönsten blauen Augen in Deutschland. Das sind der Schmidtin ihre, dachte ich, und fühlte, dass ich rot ward. Aber könnten's auch nicht meine sein? Er sah mich doch so süß an, wie er's sagte. Nein, das ist doch nicht möglich. – Wenn sie nur recht blau wären. – Ein geschwinder Blick nach dem Spiegel, welcher betrübt wieder zurückkehrte. Klopstock, der immer mehr tändelte, tändelte nun endlich Liebe. Er sagte, er hasste die ernsthafte Liebe, wobei nur lauter Seufzer und Schmerzen wären. Eine Frühlingsliebe wäre recht nach seinem Geschmack. Nämlich eine, die, wenn's hoch käme, einen ganzen Frühling dauerte, man könnte sich auch sonst wohl sechsmal in einem Frühling verlieben. Ich setzte den Scherz fort. Zumal da ich wusste, wie sehr Klopstock gegen seine wahre Meinung sprach. Endlich blieb es mir nicht mehr angenehm. Ich fürchtete, Klopstock möchte auch wohl gar denken, ich wäre ein Mädchen, mit dem man nur dergleichen sprechen musste (diese Furcht ist oft wiedergekommen). ... Einen kleinen Umstand kann ich für Sie unmöglich unterdrücken. Ich reichte Rahn einen Teller mit Äpfeln, und weil Klopstock und Hagedorn zwischen uns saßen, so musste ich mich fast über Klopstock seinen Schoß legen, um hinzukommen. Klopstock sah sehr aufmerksam nach meinem Tour-de-gorge und seufzte. Ich bemerkte es und wunderte mich, denn ich hatte Klopstock bisher für einen bloßen Geist gehalten (jetzt weiß ich's wohl, dass er einen ebenso süßen Körper hat). Ich ward dennoch nicht böse darüber, da ich sonst allemal bei einer solchen Gelegenheit gegen eine jede Mannsperson Zorn und Verachtung empfunden habe. ... Nun fing die Gesellschaft an, sich zu zerstreuen, und die meisten fuhren weg. Klopstock trat mit mir an ein Fenster und las einen Brief von Ihnen. Ich, um desto besser in den Brief zu sehen, weil wir ihn doch nicht ganz laut lesen konnten, hatte, wirklich ganz von ungefähr, meine Hand hinter Klopstocks Rücken gelegt. Er drückte sie mir ganz sanft mit seinem Rücken. Dieser Druck erregte bei mir ein Gefühl, das mich aufmerksam machte, das doch aber so süß war, dass ich nicht imstande war, meinen Arm zurückzuziehen (welches ich bei einer anderen Mannsperson gewiss gleich getan hätte). Mein Arm blieb also ganz dicht an Klopstocks Rücken liegen, solange er den Brief las. ... Klopstock fragte, ob ich seine Elegie: Dir nur zärtliches Herz – kenne. Ich sagte, aus einer gewissen Furchtsamkeit, dass ich sie nicht genug kennen möchte, nein. Er wunderte sich und sagte, so wollen wir sie zusammen lesen. Ich ging deswegen mit ihm nach der Schmidtin ihrem Zimmer. Ich fing an zu lesen, konnte aber nicht fortfahren, weil ich einen zu starken Fluss auf den Augen hatte. Klopstock las. Er hielt meine eine Hand. Das Herz schlug mir gewaltig, unsere Hände wurden immer heißer, immer heißer, ich fühlte sehr viel und, ich glaube, Klopstock auch. Er las ein Stück aus dem Messias. Die Schmidtin war dazugekommen. Er fragte, ob er nicht einen Kuss dafür verdient hätte? Die Schmidtin sagte ja. Ich sagte, ich küsste keine Mannsperson. Er disputierte viel dagegen. Ich dachte, warum küsst der Affe dich denn nicht? Du kannst ihm den Kuss ja nicht geben! Herr Keller kam herauf. Er fragte, ob Klopstock denn noch nicht wegfahren wollte? Er müsste ja zu Olden. Ja, bald, sagte Klopstock, setzte sich unterdessen hin und trank mit uns Tee. Die Schmidtin war so gut, Herrn Keller zu entretenieren, ich schwatzte mit Klopstock. Er sagte, ich sollte mit ihm reisen. Ich sagte, ich wollte wohl. „Aber Sie würden zu sehr frieren." „Wenn ich Ihr Feuer bei mir hätte, wohl nicht", sagte ich mit einem Lachen. „Ach, Sie haben genug eigenes Feuer", sagte er, und küsste mich, mit nicht wenigem.

Meta Klopstock in einem Brief an einen Freund

Friedrich Gottlieb Klopstock und Margarete (Meta) Moller heirateten im Juni 1754. Ihre Ehe galt als sehr glücklich. Meta, eine gebildete und talentierte Frau, die mehrere Sprachen beherrschte, inspirierte ihren Mann zu zahlreichen Oden.

Spuren der Liebe

Es war einmal ein Vater, der hatte zwei Söhne. Je älter und gebrechlicher er wurde, desto mehr dachte er über sein Leben nach. Und manchmal kamen ihm Zweifel, ob er seinen Söhnen wohl das Wichtigste für ihr Leben weitergegeben hatte.

Weil ihn diese Frage nicht losließ, beschloss der Vater, seine Söhne mit einem besonderen Auftrag in die Ferne zu schicken. Er ließ sie zu sich kommen und sagte: „Ich bin alt und gebrechlich geworden. Meine Spuren und Zeichen werden bald verblassen. Nun möchte ich, dass ihr in die Welt hinaus geht und dort eure ganz persönlichen Spuren und Zeichen hinterlasst.“

Die Söhne taten, wie ihnen geheißen, und zogen hinaus in die Welt.

Der Ältere begann sogleich, Grasbüschel zusammenzubinden, Zeichen in Bäume zu schnitzen, Äste zu knicken und Löcher zu graben, um seinen Weg zu kennzeichnen.

Der jüngere Sohn jedoch sprach mit den Leuten, denen er begegnete, er ging in die Dörfer und feierte, tanzte mit den Bewohnern und spielte mit den Kindern.

Da wurde der ältere Sohn zornig und dachte bei sich: „Ich arbeite die ganze Zeit und hinterlasse meine Zeichen, mein Bruder aber tut nichts.“

Nach einiger Zeit kehrten sie zum Vater zurück. Dieser ließ sich von den beiden Söhnen ihre Zeichen zeigen. Als Erstes kamen sie zu den Grasbüscheln. Der Wind hatte sie zerzaust, und sie waren kaum noch zu erkennen. Die gekerbten Bäume waren gefällt worden, und die Löcher, die der ältere der beiden Söhne gegraben hatte, waren fast alle wieder aufgefüllt.

Aber wo immer sie auf ihrer Reise hinkamen, liefen Kinder und Erwachsene auf den jüngeren Sohn zu und freuten sich, dass sie ihn wiedersahen und luden ihn zum Essen und zum Feiern ein.

Am Ende der Reise sagte der Vater zu seinen Söhnen: „Ihr habt beide versucht, meinen Auftrag, Zeichen zu setzen und Spuren zu hinterlassen, zu erfüllen. Du, mein Älterer, hast viel geleistet und gearbeitet, aber deine Zeichen sind verblichen. Du, mein Jüngerer, hast Zeichen und Spuren in den Herzen der Menschen hinterlassen. Du hast Zeichen der Liebe gesetzt. Diese bleiben und leben weiter."

Afrikanisches Märchen

Auf einen Blick

Kurztext •; 2–3 Min. ••; 3–5 Min. •••; über 5 Min. ••••

Titel **Autor**	**Worum geht es?**	**Vor-lese-zeit**	**Seite**
Seelenliebe *Heinrich Heine*	Junge Liebe ist stürmisch, alte furchtlos.	•	30
Ein mutiger Brief *Adalbert Stifter*	Ein sehr formeller Heiratsantrag	••	31
Siebenschön *Märchen aus Fehmarn*	Wenn sich Liebende gegen Widerstände behaupten	••	32
Am Anfang *Sufigeschichte*	Auch Unliebsames ist liebenswert.	•	34
Gut Ding will Weile haben *Egon Erwin Kisch*	Die „Hilfe" einer Heiratsvermittlerin	•••	35
Erste Liebe *Iwan Turgenew*	Die Verwirrung eines erstmals verliebten Jungen	••••	38
Neue Liebe, neues Leben *Johann Wolfgang von Goethe*	Der Beginn jeder Liebe ist einmalig.	•	45
Zu lieben ist gut *Rainer Maria Rilke*	Liebe muss gelernt werden.	•	46
Darf ich auf Sie hoffen? *Anton Bruckner*	Ein umständlicher Heiratsantrag	••	48
Der Baum mit den gläsernen Blüten *Portugiesisches Märchen*	Mut in der Liebe lohnt sich.	••	50
Die Insel der Gefühle *Weisheitsgeschichte*	Liebe ist im Leben unverzichtbar.	••	52

Titel Autor	Worum geht es?	Vor- lese- zeit	Seite
An ein unbe-kanntes Fräulein *Robert Musil*	Erinnerung an eine unvergessliche Begegnung	•••	54
Auf den Flügeln der Liebe *Irmgard Keun*	Gedanken einer jungen Frau	•••	57
Ich und du *Friedrich Heb-bel*	Wenn Liebende sich finden	•	62
Ein Liebeslied *Else Lasker-Schüler*	Gedicht über eine Liebesnacht	•	63
Weise Vorsicht im Umgange *Freiherr Adolph von Knigge*	Ratschläge für eine gute Ehe	•	64
Das Hohelied Salomos	Die Schönheit der Geliebten wird gepriesen.	••	65
Die Einladung *Weisheitsge-schichte*	Liebe zieht Gutes nach sich.	••	67
Niemals in die Zukunft fragen *Arthur Schnitz-ler*	Große Liebe kann verzeihen.	••••	69
Liebstes, bestes Weibchen *Wolfgang Ama-deus Mozart*	Mozart schreibt einen Liebesbrief.	••	73
Bis zum Äußers-ten gehen *Ingeborg Bachmann*	Liebe überwindet Grenzen.	•	75
Dieselbe *Johann Wolf-gang von Goethe*	Gedicht über die Sehnsucht	•	78

Titel **Autor**	**Worum geht es?**	**Vor-** **lese-** **zeit**	**Seite**
Geschichte einer kleinen Liebe *Ödön von Horváth*	Wenn Liebe ungleich verteilt ist	•••	100
Abschied *Heinrich Böll*	Zwei Liebende nehmen Abschied.	••••	103
Das Liebes-gespenst *Kurt Tucholsky*	Wenn der Schein trügt	••	107
Ich hab dich so lieb *Joachim Ringel-natz*	Gedicht über eine vergangene Liebe	•	110
Wo du auch seist *Wilhelm Busch*	Wenn ein geliebter Mensch stirbt	••	111
Drei Wünsche *Afrikanisches Märchen*	Ein Ehepaar findet sich wieder.	••	113
Man sprach von schönen Augen *Meta Klopstock*	Meta erzählt von der ersten Annäherung an ihren späteren Mann Friedrich Gottlieb Klopstock.	••••	115
Spuren der Liebe *Afrikanisches Märchen*	Liebe überdauert die Zeit.	••	119

Quellen

Bachmann, Ingeborg, Bis zum Äußersten gehen (redaktioneller Titel), aus: Ingeborg Bachmann. Werke. Bd. 4. Essays, Reden, Vermischte Schriften, Anhang. Hrsg. von Christine Koschel, Inge von Weidenbaum und Clemens Münster. © 2010 Piper Verlag GmbH, München

Böll, Heinrich, „Abschied“, aus: Heinrich Böll. Werke. Kölner Ausgabe. Bd. 4. 1949–1950. Hrsg. von Hans Joachim Bernhard. © 2003, Verlag Kiepenheuer & Witsch GmbH & Co. KG, Köln

Bosmans, Phil, Mensch, ich hab dich gern (redaktioneller Titel), aus: Phil Bosmans, Worte zum Menschsein, Verlag Herder GmbH, Freiburg i. Br. 1994, S. 19/20, mit freundlicher Genehmigung von Verlag Herder GmbH

Grün, Anselm, Die heilende Kraft der Liebe (redaktioneller Titel), aus: Anselm Grün, Im Haus der Liebe wohnen, Verlag Herder GmbH, Freiburg i. Br. 2002, mit freundlicher Genehmigung von Verlag Herder GmbH

Hesse, Hermann, Was der Dichter am Abend sah, aus: Hermann Hesse, Liebesgeschichten. © Suhrkamp Verlag Frankfurt am Main 1995. Alle Rechte bei und vorbehalten durch Suhrkamp Verlag Berlin.

Kästner, Erich, Sachliche Romanze, aus: Erich Kästner, „Lärm im Spiegel“, © Atrium Verlag Zürich 1929 und Thomas Kästner

Keun, Irmgard, Auf den Flügeln der Liebe (redaktioneller Titel), aus: Irmgard Keun: Das kunstseidene Mädchen, © 1979 Claassen Verlag in der Ullstein Buchverlage GmbH, Berlin

Kisch, Egon Erwin, „Gut Ding will Weile haben“, aus: Egon Erwin Kisch. Gesammelte Werke in Einzelausgaben. Band 9. Mein Leben für die Zeitung. 1906–1925. Journalistische Texte, © Aufbau Verlag GmbH & Co. KG, Berlin 1983

Lasker-Schüler, Else, „Ein Liebeslied“, aus: Else Lasker-Schüler, Werke und Briefe. Kritische Ausgabe, Band 1: Die Gedichte. © Jüdischer Verlag im Suhrkamp Verlag Frankfurt am Main 1996. Alle Rechte bei und vorbehalten durch Suhrkamp Verlag Berlin.